名师名校名校长

凝聚名师共识
圆名师关怀
打造名师品牌
培育名师群体

晓明遗题

"教"与"育"同辉

中学历史教学中的德育渗透

罗士祷 著

 中国出版集团　现代出版社

图书在版编目（CIP）数据

"教"与"育"同辉：中学历史教学中的德育渗透 /
罗士祷著. — 北京：现代出版社，2022.4

ISBN 978-7-5143-9846-5

Ⅰ.①教… Ⅱ.①罗… Ⅲ.①中学历史课—教学研究
—高中 Ⅳ.①G633.512

中国版本图书馆CIP数据核字（2022）第047242号

"教"与"育"同辉：中学历史教学中的德育渗透

作　　者	罗士祷
责任编辑	窦艳秋
出版发行	现代出版社
地　　址	北京市安定门外安华里504号
邮政编码	100011
电　　话	010-64267325　64245264
网　　址	www.1980xd.com
印　　制	北京政采印刷服务有限公司
开　　本	710mm×1000mm　1/16
印　　张	9.75
字　　数	156千字
版　　次	2022年4月第1版　2022年4月第1次印刷
书　　号	ISBN 978-7-5143-9846-5
定　　价	58.00元

目 录
CONTENTS

第四章
挖掘历史素材,思想品德育人

第五章
开设主题教学,价值观育人

"教"与"育"同辉，
教师永远的使命

　　百年大计，教育为本；教育大计，教师为本；教师大计，师德为本。新时代给中学历史教育教学带来了新的挑战和变化。教师该如何应对新的挑战和变化，如何面对新的教育教学问题，担当起筑梦育人的崇高使命呢？这对教师的专业能力、视野、胸怀提出了新的要求。教师工作的关键在于"传道"，在于把社会主义核心价值观通过教育教学活动浸润到学生的心田之中，积极传播中国特色社会主义共同理想和中华民族伟大复兴的中国梦，把学生培养成为党和人民需要的社会主义事业建设者与接班人。如果说教师的工作是唤醒学生的生命感和价值感，那么使命担当则能唤醒教师的本真德行和精神主体。教师唯有在践行使命担当中不断认识自己、觉察自我并实现人生价值，才能真正担负起学生引路人的角色。所以，"教"与"育"同辉，是教师永远的使命。

"教"与"育"，孰轻？孰重？

　　教学之余，老师们会经常谈论"教学"与"育人"孰轻孰重的问题，每当谈到这个问题时，老师们总会叹气，有种无奈。尽管国家三令五申地强调素质教育，新课程改革也严格要求中学历史学科的"五个核心素养"教育，但由于高考的压力，应试教育的影响，现实往往是教学要求高过育人要求，即更多的是重视知识和技能的传授，而忽略意志品质、精神引领和家国情怀的升华。

　　那么，"教"与"育"，孰轻？孰重？或者这个问题本身就不科学？我对此进行了研究和思考。专家认为教育的本质是培育心灵，我非常认同。因为"教育"，一方面教导人去恶扬善，帮助人养成良好的品格德行；另一方面挖掘人内在的潜能，获得自身和社会发展的知识与技能。可见，教育包含着教书和育人两方面的含义。《说文解字》关于"教育"的解释是："教，上所施，下所效也"；"育，养子使作善也"。这就是说，教书就是传授学生知识、技能和能力等；育人就是让学生心理健康、心灵纯正、道德高尚和思想正气等，即有正确的价值观、人生观和世界观。总之，学生胸有大志，肩有担当，腹有诗书，行之高雅，此乃教育的追求。

　　有人说，德育是鱼，文化是水。还有人说，一个人如果仅仅有很多知识，只能算一个移动硬盘；一个人如果仅仅熟练掌握了各种技能，最多算一个熟练工；一个人如果只会思考而欠缺知识和技能，只能算一个空想家；等等。这些都道出了"教"与"育"的关系，即教书与育人是两个不可分割的、辩证统一的整体。古希腊哲学家苏格拉底说得好，"知识即美德""美德即知识"。其内涵是，知识是美德的前提，美德是知识的最高体现。近代思想家魏源说："教以言相感，化以神相感。"他认为"有教而无化，无以格顽；有化而无教，无以格愚"。可见，"教"与"育"二者是相互为用、相得益彰的。

"教"与"育"在教育中都是必要的。教书的目的是育人，而育人反过来影响教书，二者没有高低之分，也没有先后之序，是并重的。所以，我认为脱离了育人的教书，是低层次的教学。因为高中历史教学的最高境界除了培养学生运用唯物史观去史料实证、历史解释外，还有提升学生家国情怀的教育。而脱离了教书的育人则会造成教育的苍白无力，因为无知可能是一切罪恶的根源。因此，教书与育人是一个统一的不可分割的整体，都是教师职业道德的核心内容，都是要在教育过程中重点抓的问题，即既要有知识与技能的传授，更要有情感态度与价值观的教育，两者缺一不可。

"教"与"育"并进，教师是关键

重视培养学生的核心素养已受到党和国家、社会的普遍关注，尤其是培养学生的沟通与合作、守正与创新、如何学习与终身学习、批判性与判断力、认知与情感、公民责任与社会担当等，更是重中之重。那么，如何达成此目标呢？我认为要做好以下几个方面。

一、教师要严格落实新课程标准

新课程标准是国家课程的基本纲领性文件，是国家对基础教育课程的基本规范和质量要求，是教材编写、教学、评估和考试命题的重要依据，是国家管理和评价课程的基础。它体现了国家对不同阶段的学生在知识与技能、过程与方法、情感态度与价值观等方面的基本要求，规定了各门课程的性质、目标、内容框架等。所以，教师要严格依据课程标准的要求和本课程的特点，结合学生的具体情况，对教材内容进行取舍和优化，精准运用教学材料和选择合适的方式方法，规划教学活动。如此，才能保证新课程教学目标的实现，有机地寓德育教育于课程教学中。

二、教师需内具深厚的专业文化功底

教师自古被称为"智者"。唐代大文豪韩愈为教师的职责定位为"传道受业解惑"（"受"同"授"）。斯言一出，千年不易。传道，就是做思想工作，教师首先是思想者。从某种意义上讲，人类因思想而伟大。授业、解惑，也不易。现在的教师，不再是一桶水就能面对学生了，习近平总书记告诫我们，作为一名教师，要有一潭水。有位专家说得好，"为了使学生获得一点知识的亮光，教师应吸进整个光的海洋"。马卡连柯说："学生可以原谅老师的严厉、刻板，甚至吹毛求疵，但是不能原谅他的不学无术。""水之积也不厚，则其负大舟也无力。"一位教师的知识储备不足、修养不够，在教学中必然会捉襟见肘，更谈不上在教学中游刃有余、高屋建瓴。时代要求已经把教师推到了培养人才的风口浪尖上，高中历史教学由于学科的特殊性，再也不能只是历史知识的堆砌，历史史实的再现，而是要通过历史学习来提升学生的史证史释素养，帮助学生树立远大理想，提升胸怀家国的情怀。所以说，教书育人是每位历史教师的神圣职责和历史使命。

三、教师要有情怀，心中充满阳光

情怀是什么？情怀就是一种高尚的心境、情趣和胸怀。它超出了时间和金钱的范畴，是不以功利的得失为标准来评判的。而教育恰恰需要这种品质和境界。因为，教育过程不是工业生产，学生更不是车间里的产品。产品出了问题，我们可以把它淘汰或者回炉重造，但如果学生思想品行出了问题，我们无论用什么措施来补救都于事无补。教育是教师的教和学生的悟所组成的一种人类特有的人才培养活动。通过这种活动，教师有目的、有计划、有组织地引导学生学习、掌握科学文化知识和技能，促进学生身心健康发展，提升学生的文化素养，帮助学生形成正确的价值观，使他们成为合格的社会公民、社会所需要的人。教育很多时候更像是孵化幼雏的过程，在整个过程中需要刚刚好的温度。面对一群身体正在发育、知识精神正在成长的孩子，除了知识的传授外，他们更需要的是一个阳光的心理，一个温暖的情怀。所以，教师有情怀，学生怎么不会耳濡目染，感同身受？教师充满阳光，学生又怎么不会身心灿烂？

"经师"与"人师"统一，好老师的标准

习近平总书记说，一个人遇到好老师是人生的幸运，一所学校拥有好老师是学校的光荣，一个民族源源不断涌现出一批又一批好老师则是民族的希望。那么，什么是好老师？我认为"经师"与"人师"的统一，就是好老师的标准。"经师"和"人师"这两个词最早出自东晋袁宏《后汉纪·孝灵皇帝纪上》一书中，书中记载道："盖闻经师易遇，人师难遭，故欲以素丝之质，附近朱蓝耳。"其意思是说，"经师"容易遇到，但"人师"很难碰到，我想用高贵的诚意或代价来寻找他们。古代的"经师"是指研究或传授儒家经典的学者；古代的"人师"是指教人如何做人的师表。但是在今天，这两个概念因时代变化而被赋予了新的内涵，即"经师"是教师的职业境界，是指严肃、严谨、严格地对待教育教学工作，做一个不"误人子弟"的合格教师，他把教师职业作为一种谋生的手段。而"人师"是教师的事业境界，是陶冶学生思想品性的导师，其不但有高深的学问，而且有伟大的人格和高尚的修养。他以自身人格的魅力塑造学生的人格，以自己的德、才、识潜移默化地影响和感化学生。所以，"人师"这种境界是教师完善自我、实现自我、超越自我的享受境界，他把教师职业作为一种事业追求与精神享受。

教学是学校教育的基本任务，教学是进行思想教育和人格熏陶的基本途径。一位教师如果在传授知识的过程中，不能在学生中建立起威信，在对学生进行思想教育和道德教育时必然也是软弱无力的。为此，做好"经师"，应是做好"人师"的必要条件。可见，一名优秀的教师应该是"经师"和"人师"的统一，既要精于"授业""解惑"，更要以"传道"为责任和使命。

培养什么人、怎样培养人、为谁培养人是教育要回答的根本问题。立德树人的关键在教师。陶行知先生说："教师的职务是'千教万教，教人求真'，

学生的职务是'千学万学，学做真人'。"唐代韩愈说："师者，所以传道受业解惑也。""传道"是第一位的。那么，教师怎样才能成为"经师"和"人师"呢？在2021年的第三十个教师节前夕，习近平总书记来到北京师范大学，看望教师和学生，观摩课堂教学，进行座谈交流。座谈中，习近平总书记号召全国广大教师做"四有"好教师，即有理想信念、有道德情操、有扎实知识、有仁爱之心。习总书记的殷切期望，其实就说出了教师要成为"经师""人师"的具体要求和重要性。

一、理想信念是源

理想是人们以一定的理论和现实为依据，对未来美好目标的向往和追求；信念则是人们在某种理想的长期追求实践中形成的坚定不移的精神状态，它是知、情、意、行等心理要素的有机结合。理想信念是统率人们灵魂的精神支柱。坚定的理想信念是师德修养的内在动力。"育人造士，为国之本"，三尺讲台维系着国家和民族的命运，每一位教师都负载着民族的希望，都应该把自己的理想信念融入现实的教学工作中。因为有了理想信念，才会有爱岗敬业，才会有教师的乐此不疲，孜孜以求，才会有对知识和生命的敬畏。总之，教师对教育理想和信念的追求是成就事业的力量源泉。

二、道德情操是魂

道德情操通常指道德情感和操守的结合，是构成道德品质的重要因素，是一种重要的精神力量，它对人的道德行为起着支持作用。所以，人们常说，道德情操是石，敲出希望之火；道德情操是火，点燃希望之灯；道德情操是灯，照亮人生之路；道德情操是路，引导人们走向灿烂辉煌。中学历史给了教师、学生丰富的教育素材。学史可以让学生明白生命的价值，懂得健康向上的人生观、价值观和道德观；学史可以帮助学生分清真善美，坚信正义终将战胜邪恶；学史可以让学生理解改造自然要符合自然规律，改造社会要符合社会发展规律；学史可以让学生因历史人物的舍生忘死、信念坚定、积极进取、博大胸怀而震撼；等等，这一切的一切都离不开教师要有明确的政治方向，高尚的道德品质，无私奉献的敬业精神，全心全意为学生服务的思想。

三、扎实学识是力

扎实学识即扎实的知识功底、过硬的教学能力、勤勉的教学态度、科学的教学方法，其中知识是根本基础。习近平总书记说，过去讲，要给学生一碗水，教师要有一桶水，现在看，这个要求已经不够了，应该是要有一潭水。习近平总书记的这番话语重心长，对教师提出了更高的要求，赋予了"经师"和"人师"新的高度。唐代著名史学家刘知幾在他的史学名著《史通》中提出治史要有三种长处：一是史才，二是史学，三是史识。所谓史才，是指收集、鉴别和组织史料，并驾驭这些史料用以叙述历史事实和撰写文章的能力；史学，是指掌握丰富的史料、历史知识和与历史有关的各种知识；史识，既包括见解和观点，又包括秉笔直书、忠于史实的高尚品质和勇敢精神。

四、仁爱之心是法

教师的"仁爱之心"其实就是教师对学生的关爱。这种爱是没有血缘的爱，没有功利的爱，是理智的爱。这种爱包括呵护学生、尊重学生、关爱学生，满怀欣喜地期待学生健康成长。这种爱是教育成功的基础，是教师用人格启迪人格，用真心换真情，是教师赢得学生信任、尊重之后而无往不胜的教育法宝。所以，我坚信师爱，造就自己的成功；师爱，成就孩子的未来；师爱，创造教育的未来。作为教师，我们要牢记习近平总书记的重托，学生是未来实现中华民族伟大复兴中国梦的主力军，教师要做的就是成为打造这支中华民族"梦之队"的筑梦人。这样，我们才配得上学生的"经师"和"人师"。

中学历史教学要成为学生成长路上的"灯"

《庄子·外篇·知北游》载："天地有大美而不言，四时有明法而不议，万物有成理而不说。"何谓美？对一名普通的教育工作者而言，美无法用华丽的言语表达。它是在行动中传达出精神之境，信仰之魂，它以一个个瞬间与一件件实事凝聚着师者在平凡生命中点燃的梦想之火。

1990年，大学毕业后的我被分配到江西省萍乡市第二中学任教高中历史，一教就是11年。2001年一次偶然的机会，我来到了佛山市顺德区第一中学。现在回想起来，我都感觉有点惊心，因为那是一次"冒险"的决定。2001年，我先后通过了惠阳高级中学和顺德区第一中学的面试，去前者可以立马入职，并可以分配到一套房子；而去后者，我要与一名中山大学硕士一起试用半年，学校最终只留下一人，而且只能分配到一间宿舍。权衡之下，我还是选择了顺德一中，因为我了解到，顺德的经济发展程度更高，希望自己能在这里闯出一片新天地。当时，我把妻子和孩子一起带来了顺德，还带了整整七大包行李。在顺德教书虽然待遇高一些，但自己对这里一无所知，半年过后还不一定能留下来。后来想想，都觉得当时的决定"很冒险"，万一半年后自己没能留下来该怎么办，我可是把整个家都搬过来了呀。

来到顺德一中后，我愈来愈觉得顺德一中的教育理念比较开放先进，同事间的人际交往也很融洽，教研风气浓厚，学生的素质很高，学校的管理也充满人性化，更主要的是老师的待遇在当时是相当高的。这一切的一切让我充满了信心，坚定了我对顺德一中的选择。顺德一中"高手如云"，有很多老师是"老资格"，而且很有水平。只要你肯下功夫，一定会改变自己的一切，半年后，我领悟了这句话，广东的学生和内地学生不一样，个性特别强，视野也十分宽广，我意识到之前严厉的方法已经不管用了，必须找到适合这里学生的教学方法,拿出好的教学成绩才能被认可。为此,我虚心向前辈学习,同时还根据学生的特点,形成了"严肃不失活泼,宽松而不紊乱"的教育思想,而贯穿其中的是用心关爱每一个学生。同时,我发现自己在教研上是一片空白,尤其是论文撰写。但欣慰的是,我遇到了我的师傅全仁经老师,在他的指引和激励下,我迅速上道,从第一篇处女作发表,到今天已有40多篇教育教学论文变成铅字得以发表。正是因为这一切,我经受住了学校的考验,成为顺德一中的一员。

回望往事,我能留下来,成为顺德一中的一名历史教师,而且一干又是21年,其中的重要原因是除了全仁经老师、梁仁华老师、李长福老师、陈维坚老师及历史科组全体同人的指导和帮助外,还在于我的历史课堂教学坚守了历史教学与德育教育的有机渗透。实践证明,"教"与"育"并重,不仅可以增进师生间的情谊,让学生获得深刻的历史认知和历史思考,还可以彰显历史教学的核心价值,实现历史教学的根本诉求,促进学生的可持续发展。面对高考的压力以及广东学生的独特个性特点,我愈来愈感觉到,高中历史教学中不能没有历史教育,历史教学不能简单地为了高考备考教学,复习备考教学更不能被"题海战术"所取代,历史课堂教学既要注重"考试味",更要有浓厚的"历史味",从而改变学生喜欢历史而不喜欢历史课的怪现象,让历史扎根于现实中。同时,让学生明白,学习历史,虽不能立竿见影带给你经济效益,马上发大财,但它可以照亮你前行的路,就像那夜行人手中的马灯,给你以方向、胆识、智慧和力量。所以,我认为中学历史教学应成为学生成长路上的"灯"。这样才能达到历史学科的教育目标。

那么,如何让中学历史教学成为学生成长路上的"灯"呢?

第一,就是要把握好每一堂课,课课都要有教学立意,即"课魂"。围绕"课魂"展开教学,让学生的生命在课堂绽放激情、演绎精彩。因为课堂是学生生命成长的主阵地,一堂堂课就是照亮学生生命的火把。那么,何谓"课魂"?"课魂"即一节课的灵魂,可以是一单元或一节课的核心概念或终极目标,也可以是一单元或一节课的核心线索,还可以是一单元或一节课的教学主题等,其具有"深刻性、思想性、教育性和统领性"特点。俗话说,兴趣是最好的老师。只有当学生发自内心地爱学、主动学的时候,学生才能全身心地投入学习中,才能精神饱满、激情焕发,才能激起朵朵生命的浪花,从而使历史教学"形散而神不散"。

《普通高中历史课程标准（2017年版，2020年修订）》对每一节历史课分别从知识与能力、过程与方法、情感态度与价值观三个维度明确了课程目标。但这些目标过于宏大、宽泛、高深，只起到宏观的引领作用。为此，在实际教学中，教师就有必要将这些宏大的目标微观化、具体化，就要从诸多的教学目标中找到起统领作用的关键目标，即核心素养，或核心目标，或教学立意等，如教学"辛亥革命"一课时可围绕课魂"走向共和"设计教学，具体为：共和之灵魂——三民主义；共和之基石——武昌起义；共和之大厦——民国成立；共和之维护——二次革命；共和之新生——中华人民共和国成立；共和之反思——步履艰难。这样，以史为鉴，找到历史教育的基点。教学"西方人文精神的起源与发展"一课时可围绕课魂"人的解放"设计教学，具体为：智者运动——人该成为怎样的人；文艺复兴——人该过怎样的物质精神生活；宗教改革——人该过怎样的宗教生活；启蒙运动——人该过怎样的政治生活。这样，领会课标精神，达到古今贯通的目的。教学"国共十年对峙"一课时可围绕课魂"转折时代的革命"设计教学，具体为：南昌起义——由右倾投降向武装反抗转折；土地革命——由城市中心向农村，实行工农武装割据转折；红军长征——革命中心由南方向北方转折；遵义会议——中国共产党由幼稚向成熟转折。这样，厘清阶段脉络，提高学生提炼、总结的能力。教学"中国特色社会主义建设的道路"一课时可围绕课魂"从计划经济到市场经济，从相对封闭到对外开放"设计教学。这样，学生登高望远，境界、视野高远。教学"鸦片战争"一课时可围绕课魂"反思战争、守望和平"设计教学。这样，学生通过反思鸦片战争爆发的背景、中国战败的原因，从而激发学生探究历史的欲望。教学"明清之际活跃的儒家思想"一课时可围绕课魂"儒家思想人本情怀的恢复与重现"设计教学。这样，将李贽的"强调人的正当私欲"、黄宗羲的"工商皆本"、顾炎武的"经世致用"等思想串成一条"珍珠项链"，从而启迪学生认识到明末清初进步思想家的社会担当和历史使命感，关注苍生、关注经济、关注实际，让儒学重新焕发生机即是他们神圣的使命，等等。总之，"课魂"就犹如"一根根红线""一盏一盏灯"，链接的不仅是历史的发展脉络，更是把久远的历史融入现实中，从而让学生学史明智、明志，照亮学生前行的路。

第二，课堂要定位，要让你的课堂成为师生"温暖、快乐、幸福、进步"

的殿堂，即历史课堂既是史海探微和学史路径寻求的地方，更是师生们心灵碰撞的驿站，如彼此间眼神的对视、手势的传递、故事的分享、时事新闻的分析、历史知识的辨析、疑难杂症的探究以及前沿史学动态的鉴赏等，教师将自己的思想和生命融入课堂中，与学生一道互述互究、互疑互动、共情共赏。学生有困惑时，师生一道，教师耐心地解答，析原因，找思路；学生心堵时，师生齐心，教师轻轻地问候，送温暖，求路径；学生疲倦时，师生一起，快乐地唱上一曲，调整节奏，放松心情；学生兴奋时，师生互赏，教师及时地煽情，推波助澜；课堂沉闷时，教师及时做到化繁为简、化难为易，把抽象的知识、难理解的知识与现实生活联系起来，化抽象为生动，从而让学生在有体验、有感悟、有震撼的氛围中不断燃起学习的激情。历史学习如同小火煲汤，不可一蹴而就，非得下慢功夫不可，这样才能给学生打下厚实的史学底子，学生才能在历史的思维中风生水起。

有人说，只有幸福的教师才能培养出幸福的学生，只有真正热爱学习的教师才能培养出热爱学习的学生。这话不假。要照亮学生，教师自己就要有足够的能量。在知识快速增长的新时代，面对知识面愈来愈宽广的学生，我们只有一桶死水已经远远不够了，我们储备的知识要如长江大河一样，既要水量丰盈富足，又要时刻汲取新鲜血液，新旧更迭不已，推陈出新。这样，我们才能用自己的生命去滋润学生的生命。

第三，教师要广泛阅读。阅读的边界影响视野的边界，教师的视野边界影响教师课堂教学水平的深浅和学生知识认知、情感深化的广度与力度。魏书生只是初中毕业却达到了融会贯通、左右逢源的境界，靠的就是读书；李镇西说：我所谓的成功，就是比别人早读了一些书，多读了一些书；苏霍姆林斯基更是认为，教育的智力财富之源，首先在于教师的个人阅读，真正的教师一定是爱书人、读书人。所以，教师要克服惰性，多读书。书是老师，每天都要向它请教：真理在哪里？怎样去认识真理？怎样才能把人类积累、获取的道德财富从年长一代的心灵和智慧中传授到年青一代的心灵和智慧中去？怎样生活？怎样才能成为学生的楷模？怎样才能使理想的光辉照进他们的心田？广泛阅读是重要的路径。史料浩如烟海，史书汗牛充栋，历史教师可能皓首难以穷经，但这不能成为教师不读书的理由。读文学类书籍，可以陶冶自己的性情，也可以给学生带来书里的芬芳和精神营养；读历史名著或经典著作，与古人对话，与经典对话，可借他人智慧丰富自我；读科技类书籍或其他思想文化类书籍，可增长智慧、丰富内涵，又能为学生的成长提供不可多得的经验和借鉴；读历史文献或考古资料，可增长自己甄别真伪的视野和能力，感受到历史的真谛；读报纸杂志，如《历史教学问题》《历史教学》《中学历史教学》《中学历史教学参考》等，可为我们的历史教学打开新视窗，为我们带来诸多的教学启发和惊喜。

好老师的精神世界，是淡定从容、雅洁静美的，他们的心态不浮、不急，更不躁，有着一种沉静之美。读书，能够使教师思考人生，提升自己的人生高度。教师因为爱读书，所以不会产生职业倦怠，心里总是充满阳光。因为"腹有诗书气自华"，所以教师才能赋予课堂激情、智慧和荡气回肠的艺术魅力。

如今，我已是一位有着31年教龄的教师了。30多年来，我经历了许多历练，正是因为这些历练，让我不断成长。2001年成为国家级骨干教师培训班学员，2004年成为佛山市顺德区历史高考领导小组和新课改指导小组成员，2007年获顺德区优秀班主任和优秀教师称号，2007年担任顺德区班主任讲师团成员，2007年来多次在不同地区和学校开办德育讲座，2008年获佛山市优秀班主任和优秀教师称号，2013年获广东省德育课题研究先进工作者称号，2013年被聘为顺德区中小学德育研究会会员，2014年成为顺德区骨干教师，2014年获佛山市教书育人先进教师称号，2016年来一直兼任华南师范大学社会学院本科生导师，2017年被评为顺德区师德标兵，2018年成为顺德区名班主任，2019年成为顺德区名班主任工作室主持人，2018年成为佛山市"最让我感动的老师"，2019年成为佛山市名班主任，2019年成为顺德一中六星级班主任和标杆班主任，2021年评为顺德区信息技术2.0指导教师。一路走来，变化的是成长和进步，不变的是历史教育的情怀；变化的是年龄，不变的是对历史教学的坚守和追求。

对于历史学习的目标，新课程标准要求：一是培养爱国主义情怀，树立为祖国现代化建设、人类和平与进步事业做贡献的人生理想；二是培养健康的审美情趣，塑造健全的人格，努力追求真善美的人生境界，培养坚强的意志和团结合作的精神，增强经受挫折、适应生存环境的能力；三是理解和尊重世界各地区、各国、各民族的文化传统，形成开放的世界意识。作为一个奋战在中学历史教育教学一线的"老兵"，我愈来愈感到历史教育的责任重大。历史教师既不可以是"近视眼"，只看到眼前；更不可以是"老花眼"，模糊不清。历史教师应指导学生看清历史发展的方向，让立德树人的教育真正扎根在历史教学中。历史教育不可急功近利，而是要放眼未来，慢工出细活。如此，历史教育才能成为学生成长的有生力量。作家白落梅在《放下包袱，即可成佛》中说："在黑暗中，你作他光明的拐杖；在风雪中，你作他温暖的炉火。寂寞时，你给他花朵一样的微笑；孤单时，你给他大海一般的襟怀。"作为一名历史教师，如果真想成为孩子们"光明的拐杖"，就应该千方百计让历史教学成为那"一盏一盏灯"，去照亮每个孩子前行的路。

参考文献

［1］黄济.经师与人师，孰轻孰重［N］.中国教育报，2000-12-06.

［2］翁卫东.我国中学历史教育视野下的德育研究——关于历史教学中道德教育的思考［J］.考试（教研版），2012（8）：1.

现代教育更呼唤教师的模范人格

《法言·学行》："师者，人之模范也。"这是"师范"一词的极好诠释，也是教导教师必须具有模范人格的一则古训。如今，历史早已跨进了21世纪，面对着各种诱惑和思想观念的冲击，在现代教育下，教师的模范人格更是提到了一个很高的高度，教师不仅要有外在的形象，更应具有丰富的内涵。教师的敬业、奉献、爱生、以身作则、乐群，教师的专业学识、教育科学、教育技术与艺术等都可说是教师模范人格的具体范畴。概括起来为崇高的师德、渊博的才能、高雅的美感和健全的身心。30多年的教学生涯，发自我内心的感受：现代教育更呼唤教师的模范人格。它是优秀教师素质的集中体现，是教师言传身教、圆满完成教师使命、实现教育目标的根本保证。

教师人格具有高尚与低下的选择性，模范人格所重视的是高尚、积极向上的精神品质。崇高的师德就是指教师要有高尚的品德。这种品德包括高尚的道德认识、道德情感、道德意志和道德行为，但其核心是爱生敬业。

爱是人类的高级情感。教师爱学生，既是教师职业道德的核心和灵魂，也是教育工作所必需的。由于教师与学生之间不存在血缘关系，教师对学生的爱就必然超越亲情、友情等个人情感，它是博大、宽厚、理智、全面、无私的，是民族情感、祖国情感、人类终极关怀情感的一种具体化。这种爱没有惊天动地的气魄，没有令人瞩目的壮举，只有润物无声的永恒。既不是"棍棒"，也不是"迁就"，而是春风化雨的滋润。不论学生的外貌、秉性、智力、才能、家庭背景如何，教师都能一视同仁，不嫌弃一个学困生，不放弃一个后进生，从政治思想、道德品质、学业能力、身心健康等各方面给予学生全面的关爱和呵护。师爱是高尚的，正因为如此，才有教师敬业、奉献等高尚的道德素质，才有教师默默无闻、无私奉献的崇高精神，才有学生们的内心感叹：教师是可亲可近的人，教师是可信可依的人。

教师对学生的热爱来源于对祖国的忠诚和对教育事业的挚爱，来源于崇高的社会责任感和神圣的历史使命感。敬业是爱生情感与力量的源泉，敬业与爱生相得益彰。教育是事业，教师把握着祖国的未来和民族的前途。为此，我们有理由对教师求全责备，有理由要求教师以认真和审慎的态度来对待教育中的一切细枝末节。教师敬业，必须精益求精，必须有万无一失的心。教师敬业，不能与其他社会职业相提并论，它容不得迁怒、迁怨，容不得平庸的功利性、沽名钓誉，容不得低标准和低境界。这样，人们就会发自内心地敬慕与尊重老师。刘老师是一位即将退休的高级教师，但是我们都不敢相信：她竟是一位执教35年来保持全勤的教师。35年兢兢业业，不迟到，不早退，不请假，看似平常，却不平常。有一次，她正在上课，接到儿子遭遇车祸的消息，她却平静地说："医院里有医生，我帮不上多少忙，可这里有50多个孩子需要我。"直到中午休息时她才去医院。每当想起这件事，我就感动不已，虽已过去很多年，但刘老师在我心中依然那样高大。

有人说教师是世界上需要知识最多的职业，也有人说学生即使可以原谅教师的一切过失，唯独不能原谅教师的不学无术。知识经济、信息化网络、高科技发展，教师这一职业面临着严峻的考验，时代要求教师必须具有多方面的智能。首先，教师必须更新教育观念，即要树立"育人为本"的教育观，"人人能成才"的人才观，"德、智、体、美、劳全面发展"的质量观，以"学生为主体"的教学观，以及为学生的一生发展和幸福奠定基础的教育价值观。为了一切学生，为了学生的一切，一切为了学生，这是现代教育定位给教师的新教育理念。其次，教师要有渊博的知识。也就是说，教师的专业知识要宽厚，这种宽厚着重体现在教师学识的基础性、系统性、理论性和时代性。同时，教师还要掌握或了解相关学科知识，做到学有专长，文理兼通，体育、艺术都有所涉猎，现代化教育技术与技能过硬等。如此，教师教学既能纵向把握，又能横向驾驭知识，还能渗透多学科知识，开发学生的综合素质。最后，教师必须有出色的能力。主要包括敏锐的观察力，良好的记忆力，丰富的想象力，多渠道获取信息和控制教育环境的能力，较强的语言表达、教育指导、应变和科研的能力，深厚的立体思维和高瞻的教育预见能力等。这样的教师，怎么不会令学生发出肺腑之言：教师是可尊可敬的人。全老师，一位著名的中学历史特级教师。他对自己的一生曾做了这样概括：快乐读书，用心教书，全心育人，勤于笔耕。记得有一次听他公开课的情景，听课的人听得入了迷，竟连做记录都忘记了。我们坐在那里，屏息静气地听，完全被他的课吸引了，就感觉自己也变成了学生一样。整堂课跌宕起伏，扣人心弦。每位听课老师都能感受到全老师扎实的内功、丰富的内涵、高雅的授课艺术以及几十年来如一日的敬业精神。

模范人格是堪为楷模、堪称典范的人格。现代教育除要求教师具有高尚的师德、渊博的智能外，还要求教师有高雅的美感和健全的身心。高雅的美感要求教师仪表端庄、服饰得体、态度谦和、语言亲切，富有同情心和正义感，要宽容、大度、热情、笃实，有良好的审美修养、高尚的审美情操，要对生活充满希望，对美好事物不断追求，富有激情和幽默感，在自然、社会和艺术的感受体验中，亲近美、认识美、鉴别美和创造美。健全的身心则是要求教师体魄强健，反应敏捷，懂得保健知识，有良好的心理承受能力，乐观向上的精神状态，乐群精神，协作意识等。凡此种种，高雅的美感、健全的身心让教师彰显出乐观豁达的蓬勃朝气，对人生充满希望，对事业充满追求，给学生营造出自信和宽松的心境，创造出幸福和优越的教育环境。这对于学生的成长和发展都起着潜移默化的作用。张老师，一位中年数学教师，记得有次德育论坛上，他幸福地告诉我们："我喜欢珍藏学生寄给我的一封封信和一张张贺卡，每当读起学生寄给我的信和贺卡时，我都会百感交集、激动不已。因为它不仅让我回忆起那些师生在一起的平凡生活细节，更让我好似看到一个个鲜活的、充满青春和阳光的、学有所成的学子归来。学生们无论是过去的还是现在的，他们都会在贺卡或信中写道："老师，忘不了您的幽默风趣，忘不了您的包容大度，忘不了您的情真意切，忘不了您的谆谆教诲，更忘不了您的豁达、您的思维敏捷。今天，虽然我们在不同的岗位上打拼，但我们身上似乎都有您……"看似一段很平常的感受，但我们都能悟出这样一个道理："只有人格才能形成人格，身教重于言教"。

教师的工作看起来很平凡，但创造出的业绩却不平凡；教师的职业看起来很单调，但无论哪个行业的人才，都离不开教师的培养；教师的劳动看起来很辛苦，但与学生在一起所获得的快乐是任何一项劳动都无法比拟的。百年大计，教育为本；教育大计，教师为本。国家兴衰、民族兴旺无不系于教育。在这个日新月异的时代中，现代教育更需要教师用爱心演绎平凡的事业，用真诚塑造正直的人格，用信念涂抹人生的底色。

教育现代化应该怎样理解

对于教育现代化的认识,我们经常会陷入这样的误区:认为教育现代化就是教育手段现代化,教育手段现代化就是加强硬件建设或运用多媒体技术,只要实现了教育手段现代化就能提高教学效果,等等。那么,到底什么是教育现代化呢?

教育现代化是一个包罗宏富、多层次、多阶段的历史过程,很难一言以蔽之。从历史角度透视,教育现代化是教育全球性不断变革的发展过程,是教育的整体转型,是教育获得和深化现代化的过程。迄今为止,教育现代化经历了由农业社会向工业社会转型中的教育现代化和由工业社会向信息社会转变中的教育现代化两个发展阶段。当教育通过变革具备了工业社会教育的基本特征,如实用性、科学性、民主性、开放性时,就表明它已获得了现代性;当教育变革具备了信息社会教育的基本特征,如智能化、全民化、终身化、个性化、国际化时,就表明它已经完成了现代性的深化。就中国而言,教育的现代化历程更是起步晚,几经艰难。鸦片战争到中华民国成立为教育现代化的第一阶段;中华民国成立到中华人民共和国成立为教育现代化的第二阶段;中华人民共和国成立后,教育才真正意义上走上现代化,改革开放以后,现代化才又真正发展起来。

从内容来说,教育现代化还包括教育思想和观念、教学信息传递过程现代化等。要实现教育手段现代化应该是硬件和软件同时实现现代化。软件建设包括两个层次:一是教师的素质,二是教学软件。严格说来,教育现代化是教育发展达到很高水平的自然历史过程,它涵盖教育扩张、结构转换、质量提高、效益增高、条件改善、成效扩大、平等和稳定程度提高。判断一个国家的教育是否实现现代化,主要看以下几个方面:教育投入是否充分;办学条件和师资条件是否得到保障；是否为学生提供平等的入学机会；是否内外结构协调；是否因材施教，发展自由个性；是否在质量和效益上取得实质性进展，使全体国民获得了足够的教育；是否适应经济社会发展的实际需要。因此，教育现代化内容丰富，层次广阔。

今天，佛山市提出教育强市的宏伟规划，实质上就是要实现教育的现代化，以此来适应顺德经济的工业化。科教兴国是我国的一项重要国策，教育强市正体现了顺德区各级领导尊师重教的新时代理念。那么，佛山市的教育离现代化目标还有多远？为了实现教育的现代化，我们还应该做哪些努力？这不能不引发我们去思考。总之，教育现代化的征程是困难与希望同在，是挑战与机遇并存。

第二章

修辞语言，激情育人

　　有专家说，语言是太阳，它的魅力在热烈；文字是月亮，它的魅力在宁静。热烈以传情，宁静以达理。这句话道出了教师应该具备的基本素养，即语言的艺术美。苏联著名教育家苏霍姆林斯基说："教师的语言修养，在极大程度上决定着学生在课堂上脑力劳动的效率。"优秀的历史教师讲课，或妙语连珠、娓娓而谈，或幽默风趣、言简意赅。虽说话语调不同，但都意味无穷。独特的语言魅力往往让学生听而不忘，有人说语言不是蜜，但能粘住一切。优秀的课堂语言能把学生的注意力"粘"住，让学生紧跟着教师走，聚精会神地听课。教师幽默的语言不仅能活跃课堂气氛，还能缩短师生彼此间的距离，融洽师生关系。教师运用恰当准确、思路清晰、音韵和谐的语言教学，能树立好的语言形象，能给学生留下深刻印象，进而增强学生的记忆，提高学生的学习效率。教师语言艺术能启迪学生的心灵。每个学生都是有独立个性的人，教师应该充分运用自己的语言艺术，巧妙鼓励学生，使其如沐春风，进而越加努力，不断进步。

如何让历史课活起来

——感悟高中历史教学的"言"与"情"

当前高中历史教育所面临的问题诸多，如学生喜欢历史但不喜欢上历史课，学生喜欢看各类历史书但不喜欢看历史课本，学生喜欢听老师天南海北地神侃历史或幽默思辨地讲解历史但不喜欢老师照本宣科地讲解历史，还有潜意识认为学历史没有什么用，再加上当今高考的新模式，选物理类的考生高考选择面远远高于历史类考生，选了物理不能选历史。虽然历史学科地位提高了，但因选的学生少了，所以没有了人气，历史学科再次进入"弱势学科"的小科境地等。这些问题困扰着广大中学历史教师和莘莘学子。那么，如何让中学历史教育教学焕发出应有的生机和活力，从而发挥历史的教育功能呢？我们具体从以下几个方面入手。

一、课堂融"情"，以"情"促活

"情"有感情、情面、爱情等多意。课堂融"情"则主要是教师通过非智力因素而形成的师生感情、学史热情和利用历史学科特点来激情、煽情、生情而形成的学生恋史情。

1. 语言激情

"感人心者，莫先乎情。"用煽情的语言讲课，能感染学生，产生共鸣。新编历史教材，在编写的形式上突出了多元化、多视角的特点。每一课所含的内容、抒发的情感、创设的意境等，都需要教师巧妙地设疑、循循善诱、旁征博引的阐释，以达到教与学、学与获的最佳境地。要做到这些，要求教师在课堂上就应把"言"与"态"放在首位。"言"即说话，"态"即教态或形体语言。一堂有吸引力的课，教师务必要用良好的口才、磁性的语言、大方的教态来表情达意。在传授知识的过程中，既要语言婉转悦耳，抑扬顿挫，又要在举止中渗透感召力，自然地使学生萌发出敬意而产生对本学科的喜爱，从而乐于接受知识、乐于思考问题、乐于接受教育。一个善于表达的教师，在课堂上或循循善诱，或慷慨激昂，或低沉迂回……凡此种种，学生无不被教师声情并茂的表达所吸引，如讲"火烧圆明园"部分时可动情地对学生说："熊熊大火，燃烧了三天三夜，凝聚了多少人类智慧与心血的奇珍瑰宝付之一炬，祖国母亲被烧得体无完肤、尊严殆尽，耻辱啊！耻辱！记住这沧桑的一页吧。"

2. 以史生情

历史浩如烟海，翔实的史料，栩栩如生的人物，跌宕起伏的情节，举不胜举。以史生情，可谓是其他学科无法比拟的。中国古代史——灿烂的文化、辉煌的历史、英雄的人民给学生以自豪之感；中国近代史——屈辱的中国、危机中的民族、战乱黑暗的政治让学生心生悲愤；世界近代史——先进的生产力、全新的思想观念、强烈的改革意识坚定了学生的探索、追求、向往和革新之情。屈原自沉汨罗江，以身殉国；岳飞仰天长啸，屈死风波亭；林则徐为救苍生，开眼看世界；关天培死而无憾，血染虎门；陈天华忧国忧民，舍身蹈海；克伦威尔奋起革命，英国崛起；华盛顿挺身抗战，美国独立。当这一例例尘封的往事，被教师用鲜活的、激情的、富有磁性的语言唱响时，学生怎能不铭记于心、触动心灵呢？

3. 举止含情

教师的言行举止就是教师的肢体语言。其实，学生心目中的理想教师并不是专指那种有漂亮外表的人，而是有丰富的知识、自然大方的教态、亲切的微笑、犀利的口才、超群的智慧、鼓励的目光的人。有经验的教师，他们深谙"数子十过不如夸子一长"的道理，善于利用成功的教育，利用一切机会来鼓励学生。一次谈话，一个赞许的眼光，一个会心的微笑，一句亲切激励的批语等，以此来肯定学生的独到之处。即使是违纪的学生，"有为"教师也会动之以情，晓之以理。"有为"教师以自己的言传身教引导学生懂得"既要听好课，又要写好文，更要做好人"的道理。这样，学生从教师那里获得的不仅有知识，还有教师作为师长与他们相处的那种坦坦荡荡的为人之道、君子之风。在这种情感交流中，学生怎会不对这位教师所教的科目产生喜爱之情呢？不仅在课上，就是在课下，这种喜爱也会产生推动力，使学生"亲其师，信其道"，上下求索于你的教学天地之中。

二、教学富"趣"，以"趣"激活

"趣"即趣味、情趣、意味。教学富"趣"是指教学中，教师要充分挖掘历史学科资源，借助美的语言激发学生的学史兴趣或情趣。新教材结构新颖，语言朴实，可读性强，知识紧扣历史发展主流，摒弃"左"的观点，体现开放性，历史味足，反映了新时期史学的新成果，着眼于素质培养。为此，教学一定要联系现实，关注人生哲学，注重思维创造，启迪学生心灵。那么，怎样教学才有趣呢？

1. 形象直观引"趣"

中学生大都具有好奇心，而这好奇心恰恰就是学生对历史产生兴趣的动力源泉。为此，教师可组织学生亲自体验历史事件的经过，通过自编自导自演来演绎历史精彩。显然，这又需要师生运用语言技巧，以渲染历史情景。如此才能让所演的历史事件不仅形象直观，而且更加逼真丰富，如讲英国君主立宪制度的特点，就可让学生扮演不同角色来阐述这个制度，从而拉近距离，增强理解，引发兴趣。

2. 巧设疑问调"趣"

历史教学的艺术表现在诸多方面，而巧妙地质疑、设问又需要运用语言技巧。巧妙地设问，能打开学生的心灵之窗，引发学生的共鸣。叶圣陶曾说："好的提问必令学生运其才智，勤其练习，领悟之源广开。"所以，精心设计的提问是教学的重要手段，能触及学生的兴趣点，起到指示思路、启迪思维、加深理解、巩固知识的效果。如鸦片战争中，英国到达天津白河口后为何不向北京进发？辛亥革命后，南京临时政府为何不设在武汉？蒋宋结合是政治结合还是感情结合？可见，这些知识既扣住了教材，又突出了知识的趣味性。

3. 联系现实激"趣"

高中历史教学的目的是让学生认识世界，了解古今中外的历史，提高其人文素养和思维能力。传统的历史教学大多是就事论事，就课文讲课文，往往使学生感到枯燥乏味。这时，如果能把一些历史事件和现实生活进行类比，精准地指出历史与现实的惊人相似，就会无声胜有声。如讲解国外的殖民历史时，联系国家的发展现状，学生就知道香港和澳门的前身以及现在该地文化形成的原因；讲解20世纪的战争与和平时，联系当下世界的发展现状和格局，就显得很有必要。学生可以通过历史，探索格局形成的原因，同时还可以认识到现实问题的发展趋向或者学会通过思考解决问题。

4. 运用活动提"趣"

历史文化博大精深、丰富多彩、源远流长，像一条长河，从源头连绵不断地流去，从远古流到现在，从现在流向未来。长河映照出中华民族几千年风雨烟尘的身影，回荡着中华儿女自豪的声音，刻印着中华文明独特的文化记忆。为了让这些记忆植根于学生心中，教师可以通过历史活动来帮助学生理解和深化，如举办历史故事分享会、历史知识抢答、竞猜历史谜语等来提高学生叙述表达能力和活跃课堂氛围；组织参观革命圣地、唱诵革命歌曲、观看历史影视片等来丰富学生的阅历，陶冶其情操；走访家乡前辈、历史名人、文化胜景、风土人情等来增进学生对家乡的了解，升华家乡情感；等等。历史活动将历史具体化、形象化和生动化。显然，这一系列又离不开教师的语言技巧及组织能力。

5. 渗透其他学科扩"趣"

跨学科渗透教学主要是指在学科教学中适当渗透其他学科内容，以此加强学科间的联系，增添学习的亮点，促使学科教学目标顺利达成。实现这些目标，也是需要教师运用语言技巧。例如，为了让历史事件的时序更清晰，可借用数学学科中的数轴。通过数轴的直观展示和描述加深学生对历史时空的理解与发散思维。学习"丝绸之路"，可联系"一带一路"建设，以此理解中国的和平友好、开放包容精神。学习中外音乐美术等艺术历史，可借鉴音乐、美术的审美方式去引导学生深切体会各个时期的文化美。

三、教法求"异"，以"异"调活

所谓"异"，即不同或新颖之意。教法求"异"就是教学方法要因课而异，要让学生感觉历史课常学常新，常听常获，意味无穷。要讲好历史课，就要学好新课标，掌握新理念，研究新教材，处理好教材中的各种信息，让所有信息都成为学生学习的资源。要做到这些，教师除了要有善于发现的眼睛、敏锐的思维外，还需要用精美的语言概括或精辟论述。

现在高中历史教材在编写的形式上体现出了多元化、多视角特点，文本由正文部分、历史纵横、学史之窗、学习聚焦、探究与拓展等构成，地图、图画、表格和文献资料切入课文，图文并茂。课程设置有必修课和选修课。如此，我常用的教学方法包括问题教学法、情境教学法、研讨式教学法、辩论式教学法及陈述式教学法等。教学方法视内容不同、学生不同而进行调整，以"不变"来应"万变"，如讲"南京国民政府的统治和中国共产党开辟革命新道路"一课时，首先运用问题教学法提出问题：为什么要继续革命？为什么要开辟新的革命道路？新道路"新"在哪里？新道路的开辟遇到了哪些困难？如何克服进而打开革命新局面？其次，教师以挑战性的语言激起学生的探究欲望，如讲洋务运动、戊戌变法、辛亥革命等课时，先可运用辩论式教学法。为了辩论，学生正反双方都务必阅读大量书籍，收集很多材料来为自己的观点辩解、立论。最后，教师以陈述式就同学们的辩论进行总结概括。这样，不仅可以帮助学生开阔视野，厘清历史的来龙去脉，深化历史的认知和情感态度与价值观的理解，而且锻炼了学生的口才和思辨思维，提升学生历史思维和历史叙述能力，如讲古今中外的文化史，可用情境教学法，即再现历史人物、文献资料、历史影视片段等，然后让学生扮演其中的角色来进行演绎，通过真实的感受和切身的体验来实现学生从感性认识到理性认识的转变。

俗话说，水无常形，教无定法。高中历史课堂教学可谓千姿百态：有的如死水一潭，波澜不惊；有的如涓涓细流，清澈欢快；有的如惊涛骇浪，动人心魄；有的貌似平静，实则激流暗涌；有的九曲十八弯，一波三折……但不管哪一类型、哪种风格，其课堂教学都要有活力，都要有精美的语言。有位专家说得好："课堂教学是师生生命历程的一部分。"成功的教师之所以成功，就是因为他把课教活了。"活"是课堂教学法的精髓，"活"是打开历史教学之门的钥匙。

"吐蕊须勤育，成荫仗根深。"高中历史教学要想耕耘出一片绿洲，我们还需不断努力、探索。

高中历史课堂激情教学摭谈

为了促进交流、助推教师成长，区教研室举办了老、中、青历史教师座谈会，并特别邀请一批区属骨干、知名教师参加，研讨历史教学中的疑难问题，寻找提高历史教学质量的最佳途径。一位年轻教师说："很多专家说历史教学要高效，首先你的课堂教学要充满激情，言下之意，就是要实施激情教学。"那么，什么是激情教学？如何才能激情教学？激情教学的先决条件是什么？于是，大家便围绕"激情教学"畅所欲言，提出了很多富有指导意义的建议。听罢专家指导，不少教师情绪高涨，本人虽已过不惑之年，但仍按捺不住一颗激动的心。几番深思，几番与科组老师李长福、杨红霞等心灵碰撞，形成如下几点心得。不揣浅陋呈现在这里，期望与广大同人一起进步。

一、舒展生命呼唤历史课堂激情教学

激情其本义是指强烈的、具有爆发力的情感，但这种情感不是随意的群情亢奋的本能冲动，它是一种思维、智慧和情感的全身心投入，一种因"共鸣"引发的师生心灵深处的独特的思考和情感体验，一种洋溢在课堂内外无处不在的历史的生命活力。激情历史教学并非每堂课都慷慨激昂，也非每节课都热泪涔涔，而是要随历史内容的不同带着师生思想的沉淀和情感的升华，像喷薄而出的岩浆，又像汩汩流淌的清泉，不断焕发出强大的生命力，让师生如醉如痴，使师生自由快乐、健康向上、睿智有为。教育来源于生命，生命生成于教育，舒展生命的教育离不开课堂的激情教学。

1. 改变学生"学史"态度的需要

从教多年，在我的记忆中，经常听到这样的话："学生喜欢历史，却不喜欢历史课；喜欢历史课外书籍，却不喜欢历史课本。"历史课堂成了40分钟的煎熬。即使是内容很好的课，学生也毫无兴趣。所谓的对话教学，就是尽管老师讲得天花乱坠，但学生仍是金口难开。所谓的小组互动探究，也是流于形式，最后还是老师自问自答。所谓的自主学习，更是一种点缀，观望的、无动于衷的、做其他事的学生占绝大多数。那么，学生为什么对历史课如此冷淡？一句话，就是学生对所学没感觉、提不起兴趣。学生之所以没兴趣，就是因为历史课堂没有走进学生的内心世界，没有触动学生的心灵，即学生的快感、灵动和思维没有得到舒展。说到底，就是学生"学史"的那份激情没有被激发出来。

2. 激发教师"教史"情趣的需要

很多时候，我们发现不少教师不管教什么内容，也不管面对什么样的学生，总是一片淡然。教师脸上所表现出来的那种职业化的平静如水，那种近乎漠然的职业倦怠，让人不得不质疑教师自身对历史课是否感兴趣，历史的激情又何在？试想，学生年复一年、日复一日接受着这样的历史教育，能对历史有兴趣吗？当一位历史教师对历史没了兴趣，更没了热爱，自身的生命没有得到舒展，又怎能指望学生全身心地感受历史、热爱历史呢？激情只能靠激情来点燃，热爱也只能靠热爱来唤醒。所以，加强历史教师的教育理想、教育观念、职业道德、教学策略的教育和培训仍是十分重要的。因为，这些都是舒展教师生命不可或缺的内容。

3. 拓展、厚实新课程教材的需要

新课改已经进行了多年，不管哪种版本的历史教材，我们都会感受到新编历史教材相对以前教材确实薄了许多，精简了不少内容，高度浓缩了历史学，似乎减轻了学生的负担，但实践发现新教材存在诸多问题，如多见骨头，少见血肉，多见概念、结论，少见说明、解释；每个章节时空跨度大，知识容量过多、过散；有些问题不同版本说法不一致，存在分歧；设置的探究问题、探究课过深、过难，不符合高中生的实际；等等，面对新课程，教师困惑，学生茫然。为此，在教学中，如果教师不拓展、厚实新课程教材来激活历史，怎能带领学生走进那激情燃烧的历史岁月？怎能引领学生体验那扣人心弦的历程？怎能帮助学生总结历史规律、提高探究问题的历史思维能力？师生又怎能达到共鸣、产生心灵碰撞和舒展生命呢？

4. 实现历史教学目标的需要

我们生活的世界，纵看是历史，横看是社会。故历史教育，实际是服务于我们生活与人生的教育（《中史参》语）。言下之意，无论时代多么久远，无论历史进程多么曲折，无论历史人物的社会活动多么复杂，历史教学始终是指向现实，指向青年学生的心灵和思想世界。只有在教学中饱含丰富的历史情感，"寓理于情"，与历史同悲欢、共进程，才能真正打动学生的心，激发学生强烈的历史使命感和社会责任感，培养学生健康的审美情趣、坚强的意志和团结合作的精神，增强学生经受挫折、适应生存环境的能力，真正将"知识"与"情感"教育做到高度统一。

二、历史教师实施课堂激情教学的具体措施

历史，有悲、有喜，有美、有丑，也有真、有假，故学习历史需要用心体会和感悟。历史如诗、如画、如歌，给人以遐思和警醒，故历史教学需要教师用激情去演绎，再现灵动、形象、深刻的历史事件，从而凸显自身魅力四射的教学特色。

1. 酝酿好心情进课堂

心情是一种感情状态。俗话说得好，人逢喜事精神爽，精神爽时百事顺。教师心情好时，上课自然会有如春风徐来，句句得理，字字珠玑。心情不好时，则会魂不守舍，言不由衷，激情更是无从谈起。所以，当你踏上讲台，你就必须调节好自己的状态，酝酿好心情，把微笑、愉悦、快乐、阳光带进课堂。教师微笑，表情灿烂，学生自然轻松，思想活跃。教师快乐，流露真情实感，表达顺理成章，学生自然感到温暖，信心倍增，思维敏捷。教师开朗，个性张扬，思想开阔，想象丰富，学生就会身受感染，心存阳光，富有灵气。

2. 选择最佳方式导新课

俗话说："编筐编篓，重在收口。描龙画凤，难在点睛。""凤头"好了，成功就有了一半。一堂课如果"导语"动人心弦，引人入胜，那么教师很快就能吸引学生的注意力，使学生迅速进入学习状态，从而激发学生的学习兴趣，好似徐徐拉开的帷幕，让学生一眼看到精美的置景；又如乐章的序曲，使学生一开始便受到强烈的感染，从而为整堂课的成功打下一个良好的基础，如讲"经济全球化的趋势"一课时，教师可高歌2008年北京奥运会开幕式主题曲

《你和我》。优雅的歌声，激情的旋律迅速就把学生融入全球化的历史情境中。再如，讲"夏商周的政治制度"一课时，可以将神话、故事、传说引入新课。神奇迷幻的情节，跌宕起伏的故事，教师绘声绘色的讲述很快就能激起学生求知若渴的欲望。总之，选择最佳的导课方式，虽然时间只有几分钟，却可点燃激情。

3. 抓住问题教学突出思辨性

古希腊哲学家苏格拉底说："教育不是灌输，而是点燃火焰。"从这位大师的话中，我们不难明白，作为一名教师，就是要想尽办法激起学生的学史热情。那么，如何点燃这把激情的火焰呢？我们认为抓住问题教学突出思辨性可以起到非常好的效果。比如，讲"古希腊先哲的精神觉醒"一课时，设计如下问题：什么是先哲？何谓"精神觉醒"？为什么会"觉醒"？"觉醒"在哪里？"精神觉醒"就是人文精神吗？这些问题环环相扣，层层递进，引人入胜，逻辑思辨性强。记得在讲完古希腊人为什么会觉醒时，突然有学生发问：古希腊人为什么会怀疑？虽然这一问打断了我的讲课思考，却看到了学生思维激情的火花。再如，讲"文艺复兴巨匠的人文风采"和"挑战教皇的权威"两课时，学生提出：既然但丁被誉为意大利文艺复兴的先驱，为什么他的作品中还充满着宗教色彩？既然马丁·路德在进行宗教改革，为什么还宣扬"信仰耶稣即可得救"的原则？这样的问题既有思辨性又富挑战性，这就把死的历史变成了活的历史，把对历史的了解变成了一种创造性的实践活动。

4. 进入角色，激情演绎，以情激课

陶行知先生说："只有出自内心，才能进入内心。"其意思是说，教师要打动学生，首先要打动自己。教师要打动自己，就必须深入历史情境中，像演员那样进入角色，激情演绎，以情激课，如讲述人类灾难史或屈辱史时就应该心情沉重，满腔怒火，义愤填膺；讲述民族发展史或人类文明史时就应该慷慨激昂，热血沸腾，浑身充满力量；讲述文化史或思想史时就应该托物煽情，情真意切，以情激志。总之，历史教学就是要让学生在教师的激情演绎中随历史的脉搏而跳动，不因腥风血雨、阴谋罪恶、灵魂受煎熬而被吓倒，相反，要教育学生善于从历史中吸取教训，拨开云雾见天日，更加珍惜生命、热爱生活。要利用社会进步、科技发展、英雄的壮举、科学家的献身精神使学生备受鼓舞、精神振奋，从而帮助学生坚定信念，读史悟人生，树立远大理想，以更高的姿态关注现代人的生活、关注社会、关注人类的命运。

三、历史课堂激情教学必须具备的前提或条件

许多老教师说，激情教学实际是教师在用"真气"讲课。那么，何谓"真气"？中医学的解释，"真气"乃人体的元气，生命活动的原动力。试想，上课要牵动人体的元气，可见，激情的历史教学对历史教师提出了更高的要求。

1. "三爱"是前提

第一个"爱"，即教师要热爱自己的专业。高中历史教师都知道新课程高中历史教材相对历史学只是其中的骨头，缺乏活力。比如，必修Ⅲ"孔子与老子"这课，整个篇幅才1500多字，而孔子和老子是中国古代两位伟大的思想家、哲学家，其思想深邃、博大。显然，如果教师只用教材教教材，那他的教学就会味同嚼蜡，索然寡味。这就要求教师教学时必须旁征博引，重构知识结构，设置耐人寻味、开启智慧的系列问题，要求教师广泛读书，勤奋钻研，努力提升个人专业文化素养。但是，这些要求仅靠外在的压力肯定不行，更多的还是靠老师的内驱力，即教师对专业的爱。只有当教师发自内心地热爱历史专业，那么他就会在自己的专业道路上孜孜以求地不断探索。

第二个"爱"，即教师要热爱本职工作。近年来，虽然教师待遇有所提高，但仍不尽如人意。历史教师更感到工作的乏味。究其原因有多方面：一是历史专业的就业、发展前景不乐观；二是学历史不能带来直接的经济效益；三是历史是小儿科。出于急功近利考虑，学生不重视，家长、领导甚至老师也不重视。所以，中学历史教师坐冷板凳的多，无人问津的多。自然，教师产生职业倦怠、不安心工作就成了正常现象，上班时间在网络上打牌、下棋、炒股、QQ聊天也就成了有些教师的主要工作。试想一位对本职工作都不爱的教师，能在教学中慷慨激昂吗？他能满腔热情地扑在工作上吗？"人生的价值在人格，而人生的意义在人格实践本身"（任鹏杰先生语），这就告诉我们塑造灵魂乃历史教育的责任。所以，历史教师要爱自己的本职工作，要牢固树立从事历史教学的光荣感、责任感和使命感，把教书当事业。每天精神饱满、心存感激；每天快乐读书、用心教书；每天笑对人生、对生活充满希望。

第三个"爱"，即教师要爱学生。历史在高中学科中的偏轻地位就决定了中学历史教师的地位，所以，历史教师更要加倍地对学生倾注爱。爱是有回

报的，学生并非草木，当你对学生、对教学产生了比其他学科教师更多的爱、更多的情感时，你就一定会有教学的形象性、创造性的收获。实践证明，历史教师充满真情实感，其教学就会像一种强力的黏合剂，把教师、学生和教学内容紧紧连在一起；就会像温暖的春风，抚平学生的心灵，开启学生的心智；就会像一团燃烧的火，点燃学生心头的希望之火；就会像一首扣人心弦的乐曲，激起学生浓厚的学史情趣。俄国教育家列夫·托尔斯泰说得好："如果一个教师把热爱事业和热爱学生结合起来，他就是一个完美的教师。"这就是说，教师要上好每堂课，要做一名受学生尊敬的老师，他就必须努力提升自己的职业情操，要从骨子里爱上教师这一职业和他的每个学生。如此，教师才能教出智慧，教出情调，教出艺术，教出水平。

2. "内功"是根本

历史是指过去的人、事、物，是活着的昨天，其内容之广博、杂深，是其他学科无法与之相比的。所以，历史课堂激情教学要求历史教师具备扎实的"内功"，具体如下。

（1）语言表达功，即"嘴上的功夫"。教学要借助语言来教学，语言是教师教学的特殊工具。课堂上，教师语调抑扬顿挫、声音婉转悦耳，循循善诱、思辨开拓，轻松幽默、低沉曲回，热情洋溢、慷慨激昂。如此的语言表达，学生沉睡的心灵怎能不被唤醒？如讲"新民主主义革命和中国共产党"一课时，如果教师把毛泽东的"28"情缘之谜和"99"之谜等跌宕起伏的故事与新民主主义革命结合起来，学生的思维定会随着教师思绪的起伏而波涛汹涌。

（2）专业文化功。教育质量说到底就是教师的质量。一堂课，如果教师缺乏对历史知识严密的分析，缺乏对历史问题的思辨讲解，就很难给予学生智慧的光芒、心智的启迪和能力的提高。教育事业是一项灌溉的事业，要给学生一杯水，教师须是一条流动的河。如此，教师才能在教学中灵感如泉涌、旁征博引、解难释疑，才能永葆创造的激情和活力，使课堂教学翔实、丰厚、精彩，如"宋明理学"这节课，理论很深奥，教师应像解剖麻雀那样，围绕何谓"理学"，它是不是儒学，它为什么兴起，它是如何与当时社会现实紧密结合等富有梯度、思辨、催人兴奋的问题来激发学生的求知欲望。

（3）心理疏导功。有经验的教师都深谙"数子十过不如奖子一长"的道理，都善于利用成功教育、赏识教育、激励教育来引导学生。课堂上，教师的一个点头、一个赞许的眼光、一个会心的微笑、一次包容的宽恕、一句亲切激励的批语等都会带给学生温暖，起到疏通学生内心阴影的作用。学生有错，动之以情，晓之以理。如此心理疏导，学生怎会不对这位教师所教的科目感兴趣呢？

3. 精细备课是保障

上课就好比打仗，备课就好比战前的备战，只有万事俱备，方能稳操胜券，教师才会底气十足，才会灵光闪烁。所以，备课一定要精细，其要素主要包括以下几个方面。

（1）备教法。中学历史教学内容涉及古今中外，人物多、事件多、时间多、朝代多、国家多，可谓上下五千年，纵横数万里。因此，运用有效的教学方法能为激情教学找到切入点，如启发式，教师以精辟语言启而发之；讨论式，教师用诱导式问题引而论之；自主探究式，教师以满腔热情导而究之；等等。这样，一节40分钟的互动教学课才能真正有效果。

（2）备学法。陶行知先生说："先生的责任不在教，而在于教学，在于教学生学。"苏霍姆林斯基说："教给学生学习方法比教给学生知识更重要。"言下之意，就是要让学生自己掌握打开知识大门的钥匙，如用心学习法、思考学习法、寻找规律法、中外古今比较法、知识迁移法等都需要教师的激情引导。

（3）备学生。十个手指都有长短，更何况一个班级、一个年级。因此，教师就要根据班级实际、年级实际、学生实际因材施教，如实验班可高起点，突出学生主体性；普通班严格依据课标，多一点教师的导。可为优秀生多提供些课外书籍或材料，让其主动探究；后进生则引导他们活用教材，先掌握基础。如此，激情才能有的放矢。

（4）备教材。教材是教学的依托，故教师备课既要抓住课标要求，还要相应拓展、补充大量资料，帮助学生加深理解；既要宏观把握，又要微观落实，将局部知识放到整体知识中研究；既要重视教材子目间的衔接过渡，还要把握段落层次间、不同知识点间、重点难点盲点间的联系与区别；既要写出完整高质量的教学设计，还要预备好巩固知识加深理解的习题；等等。如此，学生对知识的把握才会有"会当凌绝顶，一览众山小"的感受，才会有触类旁通、举一反三的顿悟，才会有听之如醉、激情澎湃的情感。

美国学者威伍在《激情，成就一个教师》中有这样一段话："想要教好的教师可能在大多数情况下都是志向更高和激情奔放的。伟大至少一部分出自天赋，这是无法传播的。然而，伟大的教师一定是激情的教师。"激情，它让春水般平静的课堂多了几道波纹，为平凡的教学增添了几抹光彩。在新课程改革的今天，高中历史课堂真应该多点激情教学。

历史课堂收尾技巧例谈

"编筐编篓，重在收口。描龙画凤，难在点睛。""凤头"要好，"豹尾"应该更佳。一堂优质课不仅要有动人心弦的"导语"、引人入胜的"主旋律"，还需有意味无穷的"终曲"，如此，课堂教学才能达到浑然一体的妙境。以下几点实践感受，希望能对同人有所启迪。

一、构建知识体系收尾

高中历史教材的编写，大多以事为主，自成单元，前后史事，环环相扣，每章、每节都有一个中心点，就好比一棵树，章节"中心点"就是一棵树的树干，枝叶则是"中心点"周围的具体历史史实。据此，课堂教学收尾时，教师应确立整体的教学观念，帮助学生构建知识网络，不断完善学生的认知结构，如讲完"鸦片战争"后，用投影仪展示如下纲要图并辅以必要的说明。

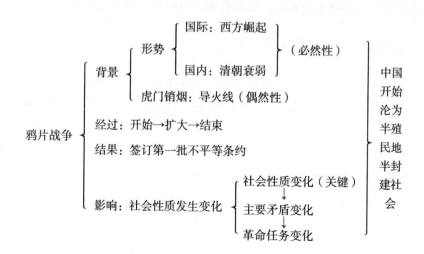

如此表达，简明扼要，既能使教材中复杂的知识简约化、零散的知识系统化，又有助于进一步完善学生的认知结构和深化课堂教学效果。

二、情感渲染收尾

"感人心者，莫先乎情。"情感是人们内心对外界事物所抱有的肯定或否定态度的体现，直接影响人的情趣、好恶。情感犹如一缕阳光，它能照耀人的心田，激起人的欲望。因此，课堂结束时也应采取多种方式对学生进行情感的辐射。结合文中的主要内容，用饱蘸情感的语言，营造一种特定的气氛，促使学生产生"共鸣"，形成教学高潮。如讲完"甲午中日战争"一课后，我设计了如下结语："（悲愤低沉）同学们！1894年日本挑起甲午中日战争，由于清政府的腐朽没落、决策集团的妥协退让和军备的松弛落后，战争以中国的失败而告终，清政府被迫与日本签订《马关条约》，它大大加深了中国半殖民地化的程度。战后帝国主义国家一方面加剧对中国的经济侵略；另一方面在中国强占租借地，划分势力范围，掀起瓜分中国的狂潮。美国也不落后，提出门户开放政策，企图把中国置于被帝国主义列强共同宰割的地位，这一切表明了甲午战争后中国面临着严重的民族危机！（悲壮激昂）巨大的失败、巨大的灾难、巨大的损失和巨大的耻辱无不震撼着每一个有良知的中国人！'四万万人齐下泪，天涯何处是神州？'中国的出路在哪里？对此，中国各阶层在苦苦探索着……"一番慷慨陈词，既激起了学生的情感，引起了共鸣，又使学生受到了强烈的道德感、理智感的熏陶，同时也为后继的学习埋下伏笔。

三、概括、总结收尾

概括、总结收尾即在课堂结局时，结合课题的结构特点或重心，用简单的语言启发学生透过现象找出历史发展的本质和规律。如讲完"辽、西夏和北宋的并立"一课后，我做了这样的总结："这一节课，我们了解了契丹族建立的辽、党项族建立的西夏、北宋三个并立政权的情况。通过学习，同学们要明确多方面内容：①我国是一个统一的多民族国家，契丹族、党项族都是中华民族大家庭中的一员。耶律阿保机建立契丹国、元昊建立西夏国，实现了局部统一，对开发边疆、促进民族融合起到了积极作用；②辽、西夏、北宋之间的战争是国内的民族战争，不是外国的侵略战争。在历史发展的长河中，汉族不但与契丹族、党项族有过战争，而且与其他民族也有过冲突，但这只是暂时的历史现象，民族之间的友好交往、和睦相处是历史发展的主流。"这样，既让学生在错综复杂的民族关系中把握民族团结、民族融合这一历史发展主流，又提高了他们的认识水准，深化了思想教育的效能。

四、问题讨论收尾

心理学研究表明，人的心理上存在着一种"完形压强"，即当观看到一个不规则、不完满的形状时，会产生一种内在的紧张力，迫使大脑皮层紧张地活动，以填补"缺陷"，人使之成为"完形"，达到内心的平衡。因此，教师不妨在课堂的尾声，针对教学中的关键之处，提出一些有争论或学生感到迷惑的问题，引导学生开展讨论，发展学生的思维，把学习引向深入的目的，如授完"三国鼎立"一课后，我有意识地提出问题："三国鼎立局面的出现是历史的进步还是历史的倒退？"学生对此莫衷一是。有的认为："三国鼎立局面的出现意味着封建国家的分裂——历时400多年的秦汉统一局面结束了，因此是历史的倒退。"有的则认为："三国鼎立后，魏、蜀、吴都想成为天下的主宰，为此，统治者都重视经济的恢复和发展，这相对于东汉末年军阀割据、社会经济凋敝的局面而言，无疑是历史的一大进步。况且三国时期又出现民族大融合，这难道不是历史的进步吗？"面对学生们激烈的争论，我因势利导启发学生，对待三国鼎立的历史，我们应辩证地、实事求是地看待。很快学生基本达成共识："相对于秦汉的统一局面而言，三国鼎立局面是历史的倒退；相对于东汉末年社会大动荡、生产严重破坏的局面而言，三国鼎立局面则是历史的进步；从我国多民族国家的形成和发展的角度而言，三国时期，民族大融合的出现，无疑又是历史的进步。"一番问题讨论，不仅有效地锻炼了学生分析、表述历史问题的能力，而且较好地培养了学生的辩证思维，这对优化学生的思想品质的妙用是不言而喻的。

五、知识竞赛收尾

欲使学生将来能迎接新技术革命的挑战，则需要培养他们的竞争意识。为此，在课堂结尾时，不妨把竞争机制引入课堂，如将学生们喜闻乐见的电视节目中的竞赛形式借鉴过来，以此激发学生的学习兴趣和积极思维。因此，我经常在新课结束后，拿出课前预先设计好的若干题组，根据学生当堂学习的内容，分成简单题（50%）、中档题（40%）、较难题（10%），历史科代表担任节目主持人，组织学生分组抢答，回答错的不扣分，抢答正确的加20分。问题一出，各组学生思维活跃，跃跃欲试。一些学习有困难的学生对简单题也争着回答，我趁势鼓励他们大胆发言，并对他们充分鼓励和表扬。对于中档题，则应尽可能满足多数中等生的欲望，对他们的回答也同样做鼓励和肯定。短短的知识竞赛收尾不仅能提高学生思维的敏捷性，融洽师生关系，而且能使所有学生领略到学习的快乐。

六、巧用场景收尾

课堂教学是一个动态的系统，其各阶段的情况有相当的不确定性和各种意外的发生，这在收尾时也不例外。这就要求教师具有较强的临时应变能力。例如，有一次我讲完"第一次世界大战"后，不料挂在黑板左侧的《第一次世界大战图》突然掉下来，此时下课铃声已响，学生们顿时活跃起来。对此，我灵机一动，幽默地说："战争是该结束了！大家都看到了，连挂图也在'抗议战争，呼吁和平'了！"我紧扣了当今世界两大主题之一的维护世界和平。在此我衷心希望同学们能珍惜当今和平的日子！抓住时机，刻苦求学，也企盼同学们在今后能和睦相处！寥寥数语，但及时有效地控制住了课堂氛围，稳定了学生的情绪，从而使一堂课善始善终，同时对学生的思想教育也是水到渠成。

总之，历史课堂收尾的技巧是丰富多彩的，本文阐述的仅仅是我在实践中所得的一孔之见，值得注意的是，对于某一确定的课题收尾技巧也不是唯一的，既能单独运用又能融会贯通，总的原则是不落窠臼，产生良好的教学效果。

学会追问，让高三历史二轮复习课的
教学立意更加高远

新高考要求高三历史二轮复习课的教学立意要更加高远，要体现出历史学科的价值，给学生提供一个可资借鉴的世界、一种道德判断、一种价值取向、一种思维方式、一种内在的对社会的认识和理解。我尝试了通史复习的学会追问教学法，实践感知效果还不错，现就此求教于专家、学者和同人。

一、从类型上追问，由浅入深，由表及里

追问是在提问基础上的深化，能够引导学生的思维向纵深发展，体现出由浅入深、由表及里、由外到内地探究问题的特征。

高三历史二轮复习，既不同于一轮复习，更不同于讲授新课，它是授新课和一轮复习后的再次升华与知识体系的高度整合。只有有了教学立意，这节复习课才会有灵魂，才会有师生深层次的思维碰撞，如"中国古代文明的辉煌与迟滞——明清时期"一课，通常我们都会这样设问：明清为什么要强化专制主义中央集权制度？分别是怎样强化？产生了什么影响？显然，这样设问的教学立意非常常规，不新颖、不足以引人入胜。那么，怎样使教学设问的立意变得深刻呢？我认为，在提供新材料、新情景背景下，可以采用从类型上追问，从而得出立意深刻的问题。复习明清专制主义中央集权制度高度强化时，我打破常规，从价值引领角度追问了四个问题，即明朝废除丞相制是埋下了亡国的祸根还是强化了君主集权的趋势？军机处的设置，真的标志君主专制的发展达到了顶峰吗？明清专制主义中央集权制度都违背了历史潮流吗？为什么？前后仔细比较，不难发现这四个追问不仅有梯度、有层次、有思维含量，更主要的是这四个追问是从质疑教材、求证思辨、价值取向的角度展开的，其教学立意在

于培养学生不唯书、不唯上的探求精神和道德情感品质,从而突出历史学科的唯物史观、史料实证、家国情怀的核心素养。

如追问军机处的设置,真的标志君主专制的发展达到了顶峰吗?学生会立即回答:是!这个问题似乎非常简单,因为教科书里就是这样讲的。但进一步追问:真的是这样吗?学生就蒙了。此时,教师展示材料:由于任何制度、机构、历史事件的社会影响都是复杂多样的……有时甚至朝相反方向发展,因此,对军机处这样一个政治机构,治史者不应仅仅依据时人对其创设初期运行情况的初步印象而简单地得出全局性的历史结论。对军机处强化皇权的作用,我们不但不宜过分强调,而且应充分重视其负面影响。看完这则材料,学生的思维立马激活,因为这则材料给了学生一个崭新的视角,即军机处后来对君主专制有一定的弱化作用。

二、从范围上追问,由点到面,由面到体

每个人思考问题的方式不尽相同,有的人是"点"的思考,有的人是"面"的思考,还有的人是"体"的思考。"点"的思考,是思考个人在目前正在发生的一件事情当中的利与弊。"面"的思考,是思考个人在一件事情当中长远的利与弊。"体"的思考,是思考包括身边人在内的整体长久的利与弊。其主要特点是教师在提问时,问题集中在一点,然后通过教师的追问使学生的思维走向深处,从而聚沙成塔,提升教学立意。

以西方文明的源头——古希腊、罗马政治史的雅典民主政治的通史复习为例,我选取了哲学家苏格拉底一生中或直接、或间接反映雅典民主制的几个片段串联起来贯穿全课。历史是人创造的,个人是时代的缩影。苏格拉底见证了雅典民主制从兴盛繁荣到腐败衰落的全过程,无疑以他为中心点来探讨雅典民主政治的利弊得失是一个很好的切入点。为此,我以苏格拉底的经历为主线索,从六个视角即苏格拉底之生、苏格拉底之戏、苏格拉底之眼、苏格拉底之声、苏格拉底之思、苏格拉底之死展开叙述,追问了六大问题:何谓民主?雅典民主是如何确立、发展的?雅典公民是如何实践和保障民主的?其民主政治是现代意义的民主政治吗?有何当代价值?又为何走向衰弱?这样,由苏格拉底个人经历"点"到雅典民主制度"面",由雅典民主制度"面"再到古今民主制度"实质体",从范围上不断追问,将苏格拉底的个人命运与雅典公民命

运、雅典国家命运以及雅典民族命运紧紧联系起来。

苏格拉底之生，让学生明白了雅典民主制度的内涵及其基本特点：人民主权、轮番而治、直接民主、公民政治等；苏格拉底之戏，让学生了解、清楚了雅典公民是如何保障他们的民主权力的；苏格拉底之眼，使学生领悟到了雅典民主制度的价值和影响，既留下了宝贵的智慧，又给后人以无穷的启迪和至深的反思；苏格拉底之声，彰显了苏格拉底的爱国情怀和忧患意识，给学生上了一堂生动的爱国主义教育课；苏格拉底之思，反映了苏格拉底在面对个人生死与国家命运的时候，表现出舍个人顾国家、顾民族的高贵品质；苏格拉底之死，则引起了学生的深思，雅典民主制度并非现代意义的民主制度，而是本帮成年男性的民主，少数人的民主，奴隶主的民主，这在本质上体现了古代雅典仍是以男性为中心的父权和夫权社会。

实践证明，高三历史二轮复习课不断从范围上追问，由历史细节联想到对生命的感悟，由个人联想到对社会、国家、民族的感悟，这无疑大大拔高了历史复习课的教学立意，给学生耳目一新之感。

三、从原因上追问，由果到因，以情知理

历史复习课要上出新意还在于深刻。深刻不仅在于认识事物的本质，也在于揭示事物之间的内在因果规律。为此，在二轮复习课中，我常以情景材料为思维的聚合点，进行由果溯因的追问，即让学生从情景材料中的"果"去深挖导致此"果"的"因"，从而以情入理，激发学生的兴趣，开拓学生的历史思维。这样，复习课的教学立意就会跳出常人的范畴。

如近代中国的变革与转型（晚清时期）的鸦片战争通史复习，首先展示材料："旷世"战争，瞠目结舌的数字：中国军队总人数80万，英国远征军18000人。鸦片战争，清军伤亡4600人（死3300人）。英军伤亡401人（死59人），具有天时、地利、人和优势的中国竟然战败，而且还签署了近代中国第一个不平等条约——《南京条约》。令人匪夷所思的战术："粪桶阵"破敌，"五虎制敌"，禁运茶叶、大黄，让英国人大便干燥而死，不战而降。道光皇帝的改变更是令人不可思议：就在这短短两天之中，道光的旨意完全变了，整整180度，即由主"剿"而倾心于主"抚"。决策如此重大，变化又如此轻易，而原因竟是巴麦尊照会的翻译问题。"demand from the Emperor satisfaction and redress"

直译为现代汉语，当为"向中国皇帝索取满足感和赔偿"，当时翻译为"求讨皇帝昭雪申冤"。道光帝认为自己"用错了人"（指用林则徐），基于这种检讨，他在战争中得到的教训仅仅是慎选良臣。

看着材料，学生得到的信息是中国战败，而且败得匪夷所思。就在学生沉思的时候，我由果到因，以情知理，追问了四个问题：鸦片战争，中国为什么战败？为何是中国战败？英国为什么要发动这场战争？又为何敢发动这场战争？

一番激烈的辨析和讨论后，学生最后达成共识：中国之所以战败，客观原因是英国的强大、先进，主观原因是清王朝腐朽没落，根本原因是腐朽没落的封建主义不能对抗新兴的资本主义。战争是残酷的，其爆发是必然的产物。因为英国资本主义发展，对市场的渴求遭到了中国闭关锁国政策和小农经济的强烈抗拒，而清政府的腐败和愚昧无知则又为这种必然增加了可能。这样，由果到因，以情知理的追问教学就给了学生耳目一新的感觉，即因"新"生疑，因"疑"激趣，因"趣"动情，复习课的教学深度和广度就在学生的辨析思考、讨论总结中自然生成。

学会追问是课堂教学提问的一种方式，是引导学生进行深层思维的教学手段，也是教师教学策略和教学智慧的真实反映。教师在了解学情、深度解读教材和准确定位教学目标的基础上，把握问题的类型、深度和广度，就能有效地引领学生深入探究，促进学生思维的发展，从而使复习课的教学立意更加高远。

参考文献

[1] 张巧萍.苏格拉底与雅典民主政治——岳麓版"雅典城邦的民主政治"教学设计[J].中学历史教学参考，2018（1）：5.

[2] 夏辉辉.追问核心：素养立意下历史课堂教学的思路[J].中学历史教学参考，2018（5）：3.

[3] 高翔.略论清朝中央权力分配体制——对内阁、军机处和皇权关系的再认识[J].中国史研究，1997（4）：11.

[4] 茅海建.天朝的崩溃：鸦片战争再研究[M].上海：生活·读书·新知三联书店，2005.

第
三
章

确立"课魂"，核心素养育人

由于高中历史课程内容跨度大，知识点多，历史变迁已经远离当前生活，学生难以理解，缺乏学习和探究兴趣。在这种情况下，确立"课魂"，即在教学立意上下功夫，会让课堂教学收到意外惊喜。每位教师每节课的时间相同，但为什么优秀教师教出来的学生学习能力强，学习成绩优，学习习惯好，同时又学得轻松愉快，这就涉及教学有效性的问题。"有效"是教学的本质特性，也是当前课程改革的核心思想，更是教育内涵发展的必然要求。教学的有效性是教学的生命，有效的课堂教学应是教师永恒的追求。俗话说得好，千古文章意为高。同样，一堂优秀的历史课，高远的立意（课魂）是其基本前提。有"课魂"，历史课堂教学就会有方向，师生学习才会张弛有度、重点突出、受益良多，从而实现高中历史教学的价值。

《普通高中历史课程标准（2020年版）》提出："历史课程最基本和最重要的教育理念，是全面贯彻党和国家的教育方针，切实落实立德树人的根本任务，坚持育人为本、德育为先，使历史教育成为形成和发展社会主义核心价值观的重要途径。发挥历史课程立德树人的教育功能，使学生能够从历史的角度关心国家的命运，关注世界的发展，成为德、智、体、美、劳全面发展的社会主义建设者和接班人。"这就明确了中学历史教师的责任和使命：让教学立意的"魂"成为学生核心素养提升的基。

创新，一个民族进步的灵魂

——"改变世界的工业革命"一课的教学启示

　　随着科技的迅速发展，知识已愈来愈成为社会发展的动力。时代急需创新人才，而创新人才要由创新教育来培养。德国教育家巴托罗美奥·斯普朗格说："教育的最终目的不是传授已有的东西，而是要把人的创造力诱导出来，将生命感、价值感唤醒。""改变世界的工业革命"一课教学让我深有体会，我认为在追求素养教育的今天，高中历史教学对学生进行创新教育大有必要。以下就本课教学的创新教育抛砖引玉，企盼专家、学者和同人指导。

一、溯工业革命之源，催学生创新思维

　　创新思维是学生发展的核心素质。为了催发学生创新思维的萌生，点燃学生创造灵感的火花，帮助学生提高自主学习的能力，我采取"换角度思考法"来探究工业革命之源，即提供新史料再究新结论。

　　工业革命首先在英国开始，后传到世界其他国家。那么，为什么工业革命首先开始于英国？是天意，还是英国历史发展的必然？多年来，教师往往会引用史料带领学生思考，最后归纳。这是资本主义制度确立、雄厚资本、充足劳动力、丰富资源、海外市场广阔等因素决定的。显然，这些都是常规分析，师生一般都能理解。所以，往昔教学本课时，总感觉寡味，如同嚼蜡。但"换角度思考法"则为学生打开了创新思维的窗口，发现了一个新视角的英国工业革命之源。

　　伊丽莎白一世时期，英国技术十分落后，大量技术都靠海外引进。为此，1624年，英国政府颁布了《垄断法》（世界上第一部专利法）。《垄断法》规定，发明技术保护期限14年，凡新发明创造在保护期限内，未经专利权人允

许，任何人不得生产、制造、销售、使用这种方法以及相类似的产品。违者将受到严厉的经济和法律制裁。《垄断法》颁布后不久，英国就出现了技术创新的高潮。1716年，约翰·隆贝发明了捻丝机（申请了专利），并建立了第一家工厂，在专利有效期内获利12万英镑。1733年，约翰·凯伊发明了飞梭，织布速度飞速提高，甚至出现了一个织布工需要五六个纺纱工供应棉纱的"棉纱荒"现象。1738年，约翰·怀特发明了新纺纱机（申请了专利），提高了纺纱速度。1765年，詹姆斯·哈格里夫斯发明了多轴纺纱机（也叫珍妮纺纱机），这种机器可以一次纺出几十根棉纱。1770年获专利，其后10多年间，英国此种机器不少于2万架。工业革命从此开始。

看完了这则材料，很多学生兴奋起来，自问声、发问声、争辩声、质疑声不断响起。英国首先发生工业革命，其最重要因素究竟是什么？新材料、新情景激起千层浪，沉闷的课堂一时火爆起来。因为，新材料打开了一扇窗，给了学生一个思辨且崭新的又完全不同于教材的思维视角。学生激烈地争论，许多创新思维火花不断呈现。有学生认为经济原因是根本，因为经济基础决定上层建筑。但更多学生认为是政治制度原因，是上层建筑的反作用所致。具体体现在英国确立了专利制度，保护了知识产权，保障了发明人的应得权利，从而催生了大量的技术创新，最终导致工业革命。

"疑是思之始，学之端。"关于工业革命之源的探讨，转换了角度的思考，让学生对教材来了个大翻转。这不仅拓展了思维，开阔了视野，更在于让学生坚定了创新的意义和价值。同时，因"疑"还激起了学生探索的欲望和敢于批判、挑战权威的创新精神与拼搏勇气。

二、赏工业革命之果，育学生创新品质

两次工业革命的成果可谓数不尽，这是巨大的生产力，所以世界因此发生剧变。那么，如何讲解这些成果让学生身动、脑动直至心动？无疑，这是个教学难题。回顾多年来的教学实践，很多教师在教学此内容时，多半都是简单的成果展示，然后让学生记住。显然，这是毫无意义地照搬教材。为让学生触之心动，我尝试鉴赏工业革命成果的办法，以鉴赏来感悟历史，感悟工业品的价值和实际功效，从而培育学生的创新意识。

如讲解珍妮纺纱机是工业革命开始的标志性成果。首先，设问：为什么

珍妮纺纱机是工业革命开始的标志？其和凯伊发明的飞梭区别在哪儿？有何质的飞跃和创新之处？其次，展示飞梭和珍妮纺纱机图（图略），让学生鉴赏、讨论并发表看法。最后，师生互动，达成共识。1733年，约翰·凯伊发明了飞梭。因为它借助脚踏踏板，带动梭子往返飞动，所以大大提高了功效。那么，飞梭是不是机器？我让学生就工具与机器的概念展开讨论。通过讨论，学生明白了工具是指从事劳动、生产所使用的器具，它直接作用于劳动对象，如斧头、钳子、缝纫针。机器则是由工具机、传动机和动力机组合而成。据此，飞梭只能是手工工具的一个部件，不是机器。而工业革命是从发明和使用机器开始的，所以飞梭的发明不是英国工业革命的开端。

飞梭虽不是完整意义上的机器，但它造成了纺与织的发展不平衡，引起了严重的"纱荒"。为此，1765年，织工哈格里夫斯发明了一种新式纺纱机，即珍妮纺纱机。由于它可以带动16～18个纱锭，这就改变了原来一次只能纺一根线的缺陷，使得功效大大提高。各种原因，就是珍妮纺纱机具备了动力、传动、工具三个部分的装置，完成了从工具到机器的转变，完全是一台机器了。所以，它的出现揭开了工业革命的序幕，成为其开始的标志。

这样，一堂工业革命的历史课上成了工业革命成果鉴赏课和机械原理探究课，让丰富多彩、博大精深的历史知识成为学生自我探寻的源和不断深挖的根。学生表面上好像对历史"无动于衷"，实际上他们只是不喜欢课本上"浓缩的、概念化的历史"和教师传授的往事，而是喜欢在广袤的史海中自由地探寻和群体间的集思广益与交流。鉴赏中想象，想象中创造，一点一点追求历史学习的生命价值。"改变世界的工业革命"一课的教学，通过珍妮纺纱机、瓦特蒸汽机、火车机车、汽轮等工业革命成果的鉴赏与剖析，不仅改变了往日教学的沉闷，而且推动了学生对知识的深究与挖掘，有力地培养了学生的创新品质。

三、学工业革命之人，立学生创新志向

布克哈特在《世界历史沉思录》中讲道："历史是生活的领路人。"一堂意义深远的历史课，一定离不开"人"。这个"人"既可以是为民族、为国家、为社会做出突出贡献的人，也可以是芸芸众生中平凡的人。总之，历史教育，"人"不能缺席。改变世界的工业革命靠的是人才。正是因为众多的技师

巧匠、科学巨人不惧艰险、忘我探索、努力创新，才造就了两次工业革命璀璨的成果。所以，讲述本课就要抓住创造工业革命成果的主要人物这一主线，通过叙述这些技师巧匠、科学巨人的创新历程、成果作用，从而起到多方面的作用，一方面厚重学生的历史情感，增强历史趣味；另一方面以人带事，加深对工业革命成果的了解，认识其所带来的社会生产力的极大发展和对人类社会的深远影响。

如讲瓦特改良的蒸汽机，我首先从瓦特改良蒸汽机的缘起入手。瓦特从小体弱多病，生活在一个贫困家庭里。那时，家家户户都生火做饭烧水，并无特别之处。有一天，祖母烧火做饭时，他发现水壶嘴里啪啦地响动，仔细一看，水壶冒着热气，水壶盖不断地上下跳动。他问祖母水壶盖为什么跳动？祖母回答说因为水开了，所以跳动。瓦特又问，为什么水开了水壶盖会跳动？祖母极其不耐烦地告诉他，因为水开了，所以会跳动。祖母不耐烦的回答让瓦特倍感难过，但他并没有放弃追寻问题的答案，而是不断地观察、仔细地研究。水没开的时候水壶盖是安静的，水开了水壶盖就跳动起来。细心的瓦特开始尝试用其他东西代替水壶盖，但还是跳动。经过反复的尝试，瓦特终于知道了水壶盖跳动的秘密——水蒸气的作用。后来，他又不断地探索与尝试，终于发明了改良后的蒸汽机。听了这个故事，教师设问：体弱多病、家境贫寒的瓦特为什么能发明改良后的蒸汽机？它的问世改变了世界的什么？

又如讲爱迪生这位举世闻名的美国电学家和发明家，我从爱迪生走上发明道路的奇特经历说起。爱迪生生于美国中东部的俄亥俄州米兰镇，他8岁上学，但仅仅读了三个月的书，就被老师斥为"低能儿"而撵出校门。从此，他的母亲就担任起他的"家庭教师"。母亲的良好教育，使得爱迪生对读书产生了浓厚的兴趣。"他不仅博览群书，而且一目十行，过目成诵"。1862年，爱迪生以大无畏的英雄气魄救出了一个在火车轨道上即将遇难的男孩，男孩的父亲对此感恩戴德，但因无钱酬谢，就以教他电报技术为回报。这样，爱迪生便和这个神秘的电的新世界发生了关系，踏上了科学的征途，并且一发不可收拾，他一生竟然有2000多项发明。试问：这是必然还是偶然？"秘诀"在哪儿？除了一颗好奇心，一种亲自试验的本能，那就是他超乎常人的艰苦工作，是他的无穷精力和果敢创新精神。

历史人物教学蕴含丰富的思想教育内容。历史课堂因为有了人，所以，生动活泼,妙趣横生,发人深省。工业革命中的技师巧匠、科学巨人的优秀品质和创新精神无一不是非常有力的励志素材。瓦特、史蒂芬孙、法拉第、爱迪生、西门子等,他们的事迹或激励、或点燃、或催发学生的发明创造意识,树立起发自内心的创新志向,培养他们学习的主动性与灵动性。

四、析工业革命之"不足",明学生的创新重任

工业革命既给人类带来前景和希望,也给人类的生存和发展留下了潜在的危害。首先,欧美国家率先步入工业化,最早享受到工业化带来的便利。其次,他们也最早品尝到工业化带来的苦果。19世纪以来,环境污染、卫生脏乱、生态危机等问题层出不穷,既使得无数生命受到威胁乃至丧生,也造成了严峻的社会危机。因此,教学本课时,教师不仅要重点探析工业革命的积极影响,还需补充大量史实分析论证工业革命带来的问题,即严重的资源短缺、环境污染、生态破坏以及社会危机等一系列人与自然、人与社会的矛盾。

学习历史的目的不仅重在育人,还重在鉴往昔、知未来。面对工业革命所带来的双重影响,人们愈来愈认识到,在推进生产力不断发展的同时,也要把治理环境污染以及缓解社会矛盾提上日程。所以,自工业革命以来,人类为保护地球进行了不懈的努力,各国政府为推进社会的发展和进步采取了许多措施。但是,历史的发展并不如人们想象中的那么美好。因为,强权政治、国际政治经济旧秩序的影响往往会阻碍或左右人与自然、人与社会这组矛盾的解决。

基于这种背景,那么,如何协调人与自然的关系?如何促进人与自然的和谐发展?如何保持和提升企业的竞争力?特别是在目前大力发展循环经济的大环境下,如何加强对企业竞争力的研究?……已成为理论界和实践家们的一个重要研究课题,也成为高中历史教育的责任和使命。

中共十八届五中全会明确了"创新、协调、绿色、开放、共享"五大发展理念。其中,创新是在首位的。这就为建设中国特色社会主义提供了发展思路、方向和着力点。学史可以知兴替,知史可以励心志。工业革命影响的"不足"探析,不仅是重要的,而且是必要的。因为它能让学生明确心中的那份责任和崇高的使命。

创新是一个民族进步的灵魂,是一个国家兴旺发达的不竭动力,也是中华民族最深沉的民族禀赋。在激烈的国际竞争中,唯创新者进,唯创新者强,唯创新者胜。高中历史教育也应担此重任。

家国情怀，凝聚民族的根

——人教版"抗日战争"一课一轮复习的家国情怀教育

"家是最小国，国是千万家。"千百年来，中华文明始终浸润着浓郁的家国情怀。家国情怀作为一种强大的精神力量，凝聚着伟大中华民族的爱国之心与报国之志。新时期以来，习近平总书记多次主张弘扬家国情怀，在重视家风、家训、家教和家庭建设的基础上聚力国家现代化建设。基于此，普通高中历史课程标准将"家国情怀"教育作为高中历史学科教学核心素养的最高境界。那么，如何在高中历史教学一轮复习课中渗透家国情怀教育？在此，我以人教版"抗日战争"一课的一轮复习为例，围绕"爱国主义是中华民族的民族心、民族魂"这一主题，将"抗日战争"一课的日本侵华罪行和中华民族英勇无畏的抗战精神呈现出来，把历史知识的探究和立德树人的家国情怀教育有机结合起来。

一、综述近代中日战争微专题，点燃家国情怀

培养学生的民族精神，树立下一代的民族认同感是历史教育的最大功能之一。民族精神是一个民族赖以生存和发展的精神支撑。一个民族，没有振奋的精神和高尚的品格，不可能独立于世界民族之林，而这民族精神的内核则是深藏于每个人心中的家国情怀。"抗日战争"一课教学是极好的教育素材。基于该课的史料特色，为了一轮复习课有别于新授课，教学中既有新意又凸显家国情怀教育，我设计了两个微专题知识，即近代中国的战争感悟和近代日本侵华战争的思考。

1. 近代中国的战争感悟

教师凝重煽情的叙述，学生思考、回忆。一部中国近代史就是一部列强

侵华史。自1840年鸦片战争以来，战争就与中国结下了不解之缘。1856年第二次鸦片战争，1883年中法战争，1894年甲午中日战争，1900年八国联军侵华战争，1931—1945年十四年抗日战争。100多年的历史，我以六次列强侵华战争为点，建构起近代中国百年屈辱史的知识体系。这样，一幅在时空框架下的近代列强侵华史的思维导图就展现在学生面前了。面对100多年沉重而痛苦的历史，学生无不忧伤、悲愤和深深思索。正义与邪恶、文明与野蛮、爱与恨、和平与暴力等问题让学生痛定思痛。那为什么百年的屈辱战争（抗日战争除外），中国无一例外都以失败收场？如此结局，同学们有何感悟？一个深情的设问，学生当即回答：政治腐败是根本原因，列强似乎不可战胜，落后就要挨打，唤醒民众，强大国力是出路。开课伊始，学生的情感态度与价值观的教育顺势被点燃。

2. 近代日本侵华战争的思考

教师平铺直叙，学生凝神静听。一部日本近代史就是一部日本对外侵略扩张史。明治维新后，日本走上了以军事立国、极力向外扩张的道路，成为亚洲乃至世界战争的策源地。日本对外侵略战争的频率之高、范围之广、对象之众，在世界战争史上极为罕见，而且战争结局更是让人深思。1874年，日军进犯台湾，胜；1875年，进犯朝鲜，胜；1879年，吞并琉球，胜；1894年，甲午中日战争，胜；1904年，日俄战争，胜；1914年，参与第一次世界大战，胜。一次次的军事冒险将日本推上了穷兵黩武的不归路。那么，日本的一次次军事冒险为何都能成功？是必然，还是偶然？历史问题又一次刷新了学生新的思维，即多角度的战争体验思考。其一，对日本军国主义来说似乎是"帝国武运长久"，这是日本侵华惯用的伎俩。其二，对遭受日本军国主义侵略的国家、地区的人民就无异于劫难、痛苦和人间地狱，只有奋起、抗争、求道才是出路。其三，对我们青年学生则是一段不能忘记的惨痛的历史教训：国家独立和民族富强是我们永远的责任与使命，落后就要挨打，妥协必败，这是亘古不变的真理。

二、聚焦时事新闻评论，培育家国情怀

历史是过去的新闻，新闻是将来的历史。聚焦时事新闻评论不仅可以印证学过的历史，还有益于学生对历史的理解。自20世纪70年代以来，虽然中日关

系走上了正常化,但因历史遗留问题,两国关系总是磕磕碰碰,甚至出现多次交恶的现象。所以,透过今天的中日关系,回望过去的中日历史,就不难理解其中的根源和问题的本质。为此,复习"抗日战争"一课时,我设计了聚焦时事新闻评论这一教学环节。

首先,播放"日本政府正式决定将福岛核废水倒入大海"的新闻视频。看完视频后,我深情地讲道:"同学们,根据中国外交部网站的消息,截至2021年4月14日,除中、韩、俄、欧盟外,还有311个环保团体表示坚决反对日本这一做法,只有美国声援了日本政府的决定。核废水排放入海的决定不能仅由日本'一家做主',还涉及国际法理诸多问题,引发国内外法学界的广泛关注。那么,日本排放核废水入海是否违反国际法?如何看待美国声援日本?我们可采取哪些措施维权?"视频铺垫,教师叙述,问题渲染,学生群情激愤,当即许多同学纷纷站起来发表评论。A同学说,日本这么干,严重违反了国际人道主义精神。B同学表示,现在奥特曼最需要做的不是打怪兽,而是警醒日本政府。C同学称,海鲜要遭殃了,以后还敢吃吗?D同学说,这种做法极其不负责任,将严重损害国际公共健康安全和周边国家人民的切身利益。E同学讲,对于日本的做法,我们要坚决抵制,运用法律的武器来维护我们的权益……学生们义愤填膺,虽措辞激烈,但彰显了内心深处的民族情感。那么,时至今日,日本为什么还敢这样做?这一问,点醒了学生。因为政治目的,无论是近代还是当今,日本政府的背后总有一股强大的政治势力(和财团军阀)在支持。由此说明,霸权主义和强权政治是和平与发展的最大障碍。振兴、发展、创新不仅是当务之急,更是任重而道远。

新闻时评是近年来最热的一种新闻文体,简单地说,就是评说一件事情、一个问题或者是针对几件事情、几个问题进行评说。5分多钟的新闻时评教学活动虽短,但它让历史与现实进行了有机的结合,从而使历史教学由远而近,又由近及远地反衬历史、比较历史、感悟历史。显然,这种文体符合高中历史教学培养学生学科核心素养的要求,有利于提高学生思辨问题、表述论证、归纳概括、分析问题的能力。新闻强调要用事实说话,绝非有闻必录,而是通过许多具体事实的报道,旗帜鲜明地告诉读者,什么是真善美,什么是假丑恶。同理,历史教育的目标是促使学生通过学习历史形成健全人格并成为合格公民,确立求真、求实和创新的科学态度。所以,历史教学中增设聚焦时事新闻评论环节，会给我们的历史教学带来意想不到的惊喜和收获。

三、追问重难点问题，激扬家国情怀

学源于思，思源于疑。小疑则小进，大疑则大进。现代心理学研究认为，疑问是思维的导火索，思维是情感喷发的源泉。由于本课教学是第一轮复习课，自然就不能像新授课那样面面俱到，仍追求教学过程的活跃性和教学内容的完整性，而要在学生已有的知识储备上凸显学习问题的思辨性、历史知识的教育性和心灵情感的启悟性。为此，复习"抗日战争"这课时，围绕本课的重难点追问了四个问题，以精准重难点的问题教学法方式展开本课的复习课教学。

首先，追问为什么要把"八年抗战"改为"十四年抗战"？意义何在？此问题实际上是本课内容的高度概括，目的有三：①培养学生的学科核心素养，运用唯物史观分析问题的能力；②训练学生掌握论从史出、史论结合的历史研究基本方法；③唤醒学生的民族意识和民族情感。面对追问，学生展开了分组讨论和研究，最后达成共识，一致认为，改为十四年抗战，是符合客观历史史实的；这是着眼于抗日战争整体性，是全民族的抗战；这是历史认识的进步，体现了唯物史观，一切从实际出发，实事求是地审视和评论历史的标准；这是世界反法西斯战争的重要组成部分。其意义在于，有利于完整还原抗日战争的历史过程；有利于客观反映国共两党在抗战中的作用；有利于正确认识中国抗日战争在世界反法西斯战争中的重要地位；有利于大力弘扬伟大的抗战精神。显然，仅此追问，学生不仅通读了整篇课文，而且透过史实领会到改为十四年抗战的深刻意义，即抗战的全民族性，此乃中国抗战胜利之本。

其次，追问十四年日军侵华究竟犯下了哪些罪行？这些罪行说明了什么问题？此问题的目的是要学生铭记历史，不忘使命，并从历史中感悟责任和担当。为此，我再次播放直观视频（日军七三一部队的罪行），通过影视来增强学生的历史印记，认清日军的兽性、残酷，意识到军国主义的危害，从而激起学生的民族情感，家国情怀。

再次，追问为什么这场战争不可避免？以追根溯源来反思历史，吸取教训，启迪未来。通过展示三则材料（略），让学生在阅读材料中认识到：经济危机的影响，日本陷入极端困难境地；日本法西斯专制主义的建立；大陆政策的推动，蓄谋已久；中国内战，英、法、美的绥靖政策等，这是日本敢于冒险

的重要因素。

最后，追问为什么抗日战争是中华民族伟大复兴的转折点？通过回归教材、个人畅言、小组讨论、集思广益达成共识。抗日战争的胜利是中国人民近百年来第一次取得反对帝国主义的完全胜利，是中华民族由危亡走向振兴的历史转折点。由此，它雪洗了鸦片战争以来的民族耻辱，增强了全国人民的自尊心和自信心，促进了民族觉醒，唤起了民族的团结意识，捍卫了民族尊严，为民主革命在全国胜利奠定了坚实的基础。同时，中国成为联合国安理会常任理事国，国际地位大大提高。中国为世界反法西斯战争做出了巨大贡献，是世界反法西斯战争的重要力量。此时，无声胜有声，爱国情感再次在学生内心深处喷发。

四、高考真题训练，巩固家国情怀

家国情怀是历史学科核心素养之一，近几年的高考对家国情怀的考查是重要导向。选择题、材料分析题和开放性试题都有涉及。所以，强化训练高考真题，有助于把握复习关键。为此，在复习完四个问题后，我以2014年全国新课标卷文综第41题为材料。下面是1960年我国中学历史教科书中"抗日战争"内容的目录摘编。

第二十章　全国抗日战争的开始

第二十一章　两条战线、两个战场

　　　　　一、抗日战争中的两条路线

　　　　　二、国民党军队的大溃退

　　　　　三、平型关大捷

　　　　　四、敌后抗日根据地的建立和迅速发展

第二十二章　毛主席《论持久战》的发表和中国共产党的六届六中全会

第二十三章　国民党反共高潮的被击退和《新民主主义论》的发表

第二十四章　日本帝国主义在沦陷区的殖民统治

第二十五章　解放区的巩固和发展

第二十六章　国民党的黑暗统治和民主运动的开展

第二十七章　抗日战争的最后胜利

　　　　　一、中国共产党第七次全国代表大会

二、解放区军民大反攻和日寇的无条件投降

三、抗日战争胜利的伟大历史意义

根据材料并结合所学知识，对该目录提出一条修改建议，并说明修改理由（所提修改建议及理由需观点正确，符合历史事实）。

显然，该题旨在考查学生的历史学科核心素养，具体包含多个方面：①考查了时空观念。即学生能利用时间、空间或材料内容、所学知识，采用判断、比较、归纳和批判、借鉴、引用等方式形成自己的观点。②考查了史料实证、历史解释。即方向上学生能从多角度发现并解决问题，方式上采用论从史出、史论结合，语言上注重逻辑严密、文句通顺。③考查了唯物史观和家国情怀。即学生能认识到材料内容的缺失和教材目录存在阶级斗争的烙印，忽视了国民党军队和国际反法西斯联盟的积极作用，未能反映抗日战争的全貌，没有认识到全民族的抗战才是抗日战争胜利的根本力量。本题激发了学生更深层次的思考。抗日战争不仅彰显了每个炎黄子孙的爱国之心和报国之志，而且体现了中华民族不畏强暴的拼搏精神、舍身救国的奉献精神、统一抗战的团结精神、坚持到底的自强精神。正是因为这种内在的家国情怀品质，所以才有了中华民族的生生不息、薪火相传、顽强发展。

史书万卷，字里行间皆可见"家国"。家国情怀早已沉淀为中华儿女的内在品格，成为中华优秀传统文化的宝贵财富。"抗日战争"一课的复习，我们深受教益，近代以来，实现民族复兴之所以成为中华民族最伟大的梦想，是受根植于民族文化血脉深处的家国情怀的影响。

参考文献

[1] 王啸.教育人学——当代教育学的人学路向［M］.南京：江苏教育出版社，2003.

[2] 中华人民共和国教育部.普通高中历史课程标准（2017年版）［S］.北京：人民教育出版社，2018.

[3] 皋银飞.高中历史教学中的家国情怀教育［J］.中学课程辅导（教师通讯），2016（17）：66.

[4] 何勇.历史教学中对学生家国情怀教育的刍议［J］.科学咨询，2016（1）：150.

和平与发展，人类永恒的追求

——以《中外历史纲要（下）》"冷战与国际格局的演变"一课教学立意为例

部编版高中历史必修教材《中外历史纲要》施教已一年多了。如果试问教师们在这一年来的感受，绝大部分教师都会感叹：太难教了。因为新教材既贯穿整个通史，又全面覆盖各个重要历史节点，不仅内容多、跨度长、知识点密度大，而且课文骨多肉少。另外，作为新课程唯一的指导纲要《普通高中历史课程标准（2017年版）》指向要求非常高，集思想性、科学性、时代性、整体性等于一身，难度、深度、高度都较之前有很大的提升。那么，如何在有限的时间里上好厚重的新课程？这对于许多教师来说是重大挑战。我摸着石头过河，尝试了先确立"课魂"（教学立意），然后让历史课在有线索、有中心、有高度、有灵魂的基础上引领学生认知历史、思考历史的教学探索。在此，仅以《中外历史纲要（下）》"冷战与国际格局的演变"一课教学为例，围绕"和平与发展"这一"课魂"来组织教学抛砖引玉，期盼专家、同人指导。

一、和平与发展之渴望，冷战兴起，两极格局形成

何谓"冷战"？为什么要"冷战"？这是教学本课必须解决的问题。首都师范大学徐蓝教授认为："冷战是指1947—1991年，以美苏两个超级大国为首的两大集团之间在政治、经济、军事、外交、意识形态、文化乃至科学技术等一切方面的既非战争又非和平的对峙与竞争状态。"这种状态持续了40多年，成为第二次世界大战后近半个世纪的国际关系的主旋律。洞悉"冷战"概念，可见两个问题：一是"冷战"是除战争以外的一切对抗手段，是第二次世界大

战后美苏两极格局的表现形式。二是美苏对抗是必然的。因为这是美苏两国国家利益、意识形态以及第二次世界大战后两国势力的膨胀和称霸世界野心的结果。所以，冷战后世界格局开始改变，雅尔塔体系奠定了美苏两极格局的基础。那么，为何要以"冷战"形式对抗，而非"热战"对抗呢？

首先，第二次世界大战的惨痛教训，渴望和平与发展是全人类的共同愿望。第二次世界大战是人类历史上规模空前的全球性大战，61个国家和地区，20多亿人卷入其中。据不完全统计，参战兵力超过1亿人，大约9000万士兵和平民伤亡，3000万人流离失所，数不尽的房屋被毁，土地荒芜，饿殍遍野，直接造成的经济损失无法估量，数不清的人类历史文化遗产毁于一旦。这是人类历史上动用人力最多、动用物力最多、伤亡最惨重的一次战争。其空前的广度、深度和烈度，成为人类战争史上的最大劫难。回望第二次世界大战，那一幅幅残酷而血腥、雄伟而悲壮的历史画面，永远震撼着人们的心灵。岁月不堪回首，但面对战争的巨大灾难，还有谁？还有哪国？敢再言战事。因为谁都知道，如果再来一次世界大战，面临的后果可能就是人类的自我毁灭。所以，第二次世界大战的惨痛教训警醒了世人，和平与发展是全人类的迫切愿望。正是因为这个"迫切愿望"，美苏两个超级大国又怎敢违背人类的愿望。由此，以"冷战"形式对抗的两极格局形成。

其次，雅尔塔体系的形成实现了世界由战争到和平的转变，反映了世界人民对和平与发展的渴望。第二次世界大战后期，美国、英国、苏联三国先后举行了一系列首脑会议，即开罗会议、德黑兰会议、雅尔塔会议和波茨坦会议。会议达成了协议，即打败德国、日本法西斯，并在两国彻底铲除法西斯主义和军国主义，以防止法西斯主义死灰复燃；重新绘制战后欧亚地区的政治版图，特别是重新划定德国、日本、意大利等法西斯国家的疆界及其被占领地区的边界；建立联合国，作为协调国际争端、维持战后世界和平的机构。联合国的核心机构安理会的表决程序实行"雅尔塔公式"，即"大国一致原则"；以美国、苏联、中国、英国、法国五大国为核心，以联合国为主导，保护中小国家的安全，维护世界和平；对德国、日本、意大利的殖民地以及国际联盟的委任统治地实行托管计划，原则上承认被压迫民族的独立权利。可见，这些首脑会议尤其是雅尔塔会议规划了战后的国际关系体系，即雅尔塔体系。它加速了反法西斯战争的胜利进程，体现出不同社会制度的国家共同合作、共同维护战后和平的精神,而这些精神控制着冷战的发展进程,从而使冷战没有发展为"热战"。尽管美苏争夺一度达到战争的边缘,但都没有冲破雅尔塔体系的框架。所以,在雅尔塔体系中,"冷战"催生了"两极","两极"相互展开"冷战",直到发展为美苏争霸,而美苏争霸又以"冷战"为主要形式。

二、和平与发展受阻,冷战升级,世界并不太平

雅尔塔体系虽然控制着冷战的发展进程,但并不能抑制着冷战的升级。因为雅尔塔体系是在第二次世界大战后西欧各国普遍衰落、美国独占鳌头、苏联空前强大的情况下形成的,是大国实力对比和互相妥协的产物,其实质是美苏两分天下,深深打上了大国强权政治的烙印。所以,雅尔塔体系的作用主要体现在以下两个方面。

一方面,该体系实现了世界由战争到和平的转变,对抗双方彼此势均力敌,避免了新的世界大战的爆发;由于该体系原则上承认被压迫民族的独立权利,所以促进了民族解放事业的发展,有利于第三世界的崛起;因为战争的创伤,世界各国都遭受了战争的极大破坏,千疮百孔,百废待兴。由此,战后的重建、发展是当务之急,大国竞争是必然之势。这样,该体系又推动了战后科学技术和生产力的发展。

另一方面,雅尔塔体系建构的是美苏两极的对峙格局,其突出特点就是美苏两国平分天下。主要表现在多方面:①以苏联为核心的社会主义和以美国为核心的资本主义两大阵营对抗;②欧洲一分为二,东西欧分别被苏联和美国控制;③德国一分为二,社会主义民主德国和资本主义联邦德国分别被苏美控制;④朝鲜一分为二,社会主义朝鲜和资本主义韩国分别被苏美控制。美苏由对峙到争霸,由争霸而冲突迭起。尽管没有引发新的世界大战,但局部战争不断,世界长期不得安宁。由于该体系体现了大国强权政治,重划国界、分裂国家,形成了不平等的国际关系和经济秩序,造成人口大迁移,世界局势的稳定性减弱,给许多国家的社会、经济发展造成了不利影响。正是因为雅尔塔体系所体现的强权、霸权和不公正、不公平等问题,美苏两国为争夺势力范围和世界霸权,肆意践踏国际法,干涉别国内政,甚至不惜大举用兵,严重破坏了世界和平。所以,第二次世界大战后,和平与发展道路仍是非常艰难的。随着冷战的兴起、升级和加剧,冷战高潮迭起。三次"柏林危机",美苏双方剑拔弩

张；古巴导弹危机，苏美双方在核按钮旁徘徊，使人类空前地接近毁灭的边缘；朝鲜战争、越南战争和阿富汗战争，冷战引发出"热战"，国际局势再度紧张，和平与发展严重受阻，世界大战一触即发。冷战格局下的世界并不太平，警钟还需长鸣。

影响与决定人类生存和发展的根本问题是和平与发展问题。谋求和平与发展，促进合作与进步是世界人民的共同愿望。无论是发达国家还是发展中国家都应以此为己任，积极合作，加强交流，共商大计。这才是上策。

三、和平与发展之高涨，冷战遭创，多极力量成长

尽管美苏冷战高潮迭起，剑拔弩张不断升级，甚至接连引发"热战"，但仍挡不住人类对和平与发展的强烈渴望。随着各国人民对和平与发展呼声的高涨，要求摆脱美苏控制、强权政治、霸权主义和殖民主义已成为人类共同的心愿。带着美好的心愿，第二次世界大战后的西欧、日本、东欧和新独立的亚非拉国家都在致力于经济的恢复、发展与谋求自身的安全。因此，伴随冷战的发展，世界正发生着深刻的变化，美苏冷战格局愈来愈受到强烈冲击，多极力量迅速成长。

（1）欧洲共同体的成立与发展，加强了西欧国家在政治、经济、科技等多方面的合作。经济上，强化了欧洲各国之间的经济关系，增强了它们对外的经济竞争力，提高了国际经济的合作水平，使国际经济竞争变得更加激烈。政治上，增强了西欧各国在世界中的影响，强化了世界多样化趋势的形成与发展，有利于抑制美国搞单极世界图谋。文化上，经济、政治决定文化，文化是经济、政治的反映。经济联系的密切使得西欧各国文化上相互交融，有利于世界文化的传播与发展。安全上，强化了欧洲各国的经济联系，使欧洲各国经济相互融合和渗透，有利于维护世界和平。

（2）第二次世界大战后，由于日本推行民主化改革，政府高度重视科技与教育，实施把发展经济放在首位、大力发展外向型经济等措施，致使日本经济在1956—1972年呈现高速发展的局面，国民生产总值上升到资本主义世界第二位，一跃成为仅次于美国的经济大国。经济的"起飞"激发了日本提出谋求成为"政治大国"和联合国安理会常任理事国的要求，不断改变战后初期向美国一边倒、唯美国马首是瞻的外交政策，开始实行以日美关系为轴心的全方位外

交。这样，日本和西欧逐渐发展为重要的国际力量，并在政治、经济、军事等
领域展开了与美国的竞争和对话。这表明以美国为首的西方阵营开始分化，资
本主义世界经济领域呈现出美国、日本、西欧三足鼎立的局面，美苏两极格局
受到了极大的冲击。

（3）第二次世界大战后，亚非拉的民族解放运动蓬勃发展，诞生了一系列
新的民族独立国家。但以美国为首的北大西洋公约组织和以苏联为首的华沙条
约组织两大军事集团互相对峙与争霸。他们为加强自身实力，激烈地争夺亚非
拉广大中间地带，造成这些新兴国家的独立、主权和安全受到严重的威胁。为
此，广大新独立国家为摆脱大国控制，避免卷入大国争斗，维护国家主权和独
立，于1961年在南斯拉夫首都贝尔格莱德举行了第一次不结盟国家和政府首脑
会议。会议主张用和平共处代替"冷战"，实行全面彻底裁军，销毁核武器。
至此，不结盟运动正式形成，标志着第三世界国家以独立的力量登上了国际政
治舞台，开始改变由超级大国和西方国家决定世界事务的局面，再次有力地冲
击了美苏两极格局。此外，随着中国的振兴，1971年，中国恢复了在联合国的
合法席位，国际地位不断提高，中国在国际战略平衡中也愈来愈起着不可忽视
的作用。中国和第三世界共同推动世界多极化的趋势。

四、和平与发展之时代主题，冷战结束，两极格局崩溃

第二次世界大战后，第三次科学技术革命正深刻地改变着当今世界的经
济社会生活和世界面貌。首先，第三次科技革命推动了区域经济的发展和经济
全球化，使世界各国的生产、流通、投资等日益联结为一个整体，各国经济在
相互中依存、相互中渗透，又在相互竞争和矛盾中不断飞跃。其次，第三次科
技革命又促使了世界多极化趋势不断加强，国际形势愈来愈呈现出和平与发展
的态势。尽管世界并不太平，局部地区的战争仍有发生，但制止战争的因素在
不断增长。世界要和平，人民要合作，国家要发展，社会要进步，已成为时代
主题。

正是因为这一有利的国际环境，世界各国、各区域都在致力于经济的发
展和全方位的合作。自20世纪80年代以来，美、日、欧三大区域经济中心的较
量越来越复杂、激烈，直接推动了西欧、北美、亚太经济区域化的发展，形成
了三大区域组织相互依赖、矛盾斗争的新格局。除了这三大区域化组织外，还

有众多的经济集团遍布世界各地。跨洲的集团之间的联系也更为密切。这些都说明,世界经济多极化趋势正在加速发展,世界正逐步形成若干经济上大致势均力敌的国家及集团相互依赖、相互竞争的格局,即世界经济格局多极化。由上可知,科技和经济因素是影响世界格局变化的决定性因素,世界经济的多极化必然推动世界政治的多极化,和平与发展的时代主题越来越要求建立多极格局,这就预示着冷战格局的结束为期不远了。

同时,自20世纪80年代以来,苏联、东欧各国处在和平与发展的时代主题下,虽然也致力于经济体制的改革,但终因没有科学认识斯大林体制,即高度集中的政治经济体制,又因戈尔巴乔夫改革的新思维违背了马克思主义原则,背离了科学社会主义方向,从而导致改革失败,东欧剧变,苏联解体。1991年12月,苏联解体,美苏两极对峙格局中的一极不复存在,两极格局最终瓦解。可见,两极格局的崩溃是多种因素相互交织、相互作用的结果,其根本原因是在和平与发展的时代主题背景下世界经济发展的不平衡改变了世界政治力量的平衡,从而导致旧格局的解体,冷战结束,两极格局崩溃,世界政治格局多极化趋势不断加强。

战争是人类的劫难,是不堪回首的噩梦。列夫·托尔斯泰在《战争与和平》中写道:"其实生命的真正意义在于能够自由地享受阳光、森林、山峦、草地、河流,在于平平常常的满足。"和平犹如阳光,受益而不觉,失之则难存。没有和平,发展就无从谈起。和平与发展是人类最持久的夙愿和追求。

参考文献

[1] 徐蓝.世界近现代史1500—2007 [M].北京:高等教育出版社,2012.

[2] 柳合青.高中历史辅助教程 [M].郑州:河南人民出版社,2021.

[3] 利德尔·哈特.第二次世界大战史 [M].伍协力,译.上海:上海译文出版社,1978.

[4] 罗肇鸿,王怀宁.资本主义大辞典 [M].北京:人民出版社,1995.

[5] 列夫·托尔斯泰.战争与和平 [M].张英姿,译.北京:中国少年儿童出版社,2001.

善"育"精"教",立德树人

——高中历史"太平天国运动"一课的教学启示

对于太平天国运动,一直是众说纷纭,甚至把轰轰烈烈的太平天国运动妖魔化。面对与教科书完全相反的观点,作为历史教师该怎么处理?本着教人求真的态度,我认为教师就应深挖教材、广搜素材,做到善"育"精"教"。那么,如何善"育"精"教"?本文仅以"太平天国运动"一课教学为例,谈谈我的一些实践认知和感受,以向专家、学者、同人求教。

一、精准认知"教",应"学"而"教"

1. "教"不能想当然

研究太平天国运动的有关史料可谓汗牛充栋,但为什么对它的评价仍存在很多争议?这就需要教师精准把握这课的教学价值取向。高中历史课程标准要求:了解太平天国运动的主要史实,认识农民起义在民主革命时期的作用和局限性。显然,应该把太平天国运动放在近代中国反封建、反侵略的民主革命范畴来考量。太平天国运动发生在鸦片战争后,是民族压迫加剧了阶级压迫、社会阶级矛盾进一步激化的产物。因此,太平天国在反对封建主义的同时,又担负起反对外国侵略的任务,这是以往任何农民起义所没有的,可以说是它揭开了近代中国民主革命的序幕。太平天国运动在反侵略的同时,也继承和发展了学习西方的新思潮,洪秀全引入了基督教中的上帝来动员群众,把西方基督教教义、中国儒家大同思想和农民的平均主义结合起来。洪仁玕主张学习西方,提出了在中国发展资本主义的方案——《资政新篇》。太平天国政权还主张对外开放和独立自主,从而推动了中国的近代化。这些都是近代社会所赋予太平天国运动新的时代内容,充分展示了太平天国运动的革命性和进步性。但是由于阶级和时代的局限性,太平天国运动的领导人深受封建思想的影响,行事上仍具有小农意识的落后性、指导思想的宗教性、革命理想的狭隘性、天国政权的封建性乃至起义过程中的破坏性等,从而导致战略不当、腐败严重、钩心斗角、内讧悲剧,直至最后失败。

以立德树人为历史课程的根本任务,坚持正确的思想导向和价值判断,以培养和提高学生的历史学科核心素养为目标,这是《普通高中历史课程标准(2017年版)》的基本理念。为此,教师不能为了完成教学任务或迎合学生的"兴趣",以点带面,以偏概全地分析太平天国运动。既不能"照本宣科",又不能"狂轰滥炸",滥用材料,必须以唯物史观的态度来看待历史。这样才能对太平天国运动做出客观公正的评价。反之,就是教师的臆想之"教",这不仅不能有效地帮助学生理解历史、分析历史、评判历史,甚至有可能误导学生,影响学生历史学科核心素养的培养和提升。可见,哗众取宠、投学生所好的想当然的"教"是无效的,甚至是有害的,是不可取的。

2. 开展应"学"而"教"

所谓应"学"而"教",一是明确学习的意义,即教学目标。因为教学目标是教学活动的出发点和归宿,也是教师选择教学内容、实施教学和评估教学的重要依据。如此,教师才能依标而动,给予精准的"教"。二是保证学生的主体地位,即把时间交给学生,给予学生思维时空、训练时空,先让学生自己探究,然后教师讲学生自己学不会的地方。这样就有助于学生知识视野的拓展和思维水平的提升,从而培养学生独立思考和独立分析问题的能力。

"太平天国运动"一课,属于"近代中国反侵略求民主潮流"专题下的学习要点。在历史课堂上探究历史事件背后所蕴含的价值远比探究历史事件本身更有意义。那么,学生如何通过"太平天国运动"的学习准确、客观、真实地认识太平天国运动?我认为教师应依据课程标准,根据教学重点进行有效的教学设计,明确学习目标,让学生感受生动、有生命的历史。如本课可这样进行设计:①起义的经过?②天国的理想为何难以实现?③中国需要怎样的革命?这三个环节既有时间脉络,符合学生的认知习惯和特点,又突出教学中心和主题,克服了长期以来僵化的历史教学模式,即背景—过程—结果—影响,展现了一个"多棱"的历史。同时,为进一步激活学生的思维,还可以有意识地引导学生关注名人对太平天国运动的观点,如孙中山、毛泽东等,引导学生理解他们是从哪些方面、哪些角度评述太平天国运动的。还可以关注同一个人在不同时期对太平天国运动的不同评价,如马克思。以多元的材料、多元的评论,来提升学生的思想认识,增强学生的辨析能力,从而让教学意义更深远,历史学习更有方向。

苏霍姆林斯基说:"真正的教育是自我教育。"同样的道理,"真正的学习也是自主学习"。为了让学生深刻认识:太平天国为何成梦?我创设情境,让学生分组讨论、自主探究。情境具体设计为:"洪秀全当上天王后,在穿戴装饰上,追求华丽奢侈之风……诸王出行,其他人等如不回避或不跪道旁者,斩首不留。天王与其他领袖之间的关系逐渐疏远,彼此隔阂,猜忌日生,终酿成'天京变乱'。"

一番新情景,学生眼界大开,思绪的波浪掀起,自主探究的激情高涨。最后经过讨论、辨析、提炼,学生很快达成共识:天国梦碎,主要包括主观、客观两个方面的原因,主观上农民阶级有局限性,农民作为小生产者,从事以家庭为单位,简单、分散的农业生产,这种生产状态决定了农民阶级本身就具有分散性,不能形成团结的领导集体。同时,落后的经济地位,导致眼界狭隘,没有科学的革命纲领,不能将革命进行到底。一旦小有成就,就容易满足,丧失进取心,贪图享乐,政权很快被封建化,表现为争权夺利,相互厮杀。客观上中外反动势力的联合绞杀。总之,由于阶级和时代的局限,农民阶级不能领导中国革命取得胜利。

二、深入透析"育",为"立"而"教"

教是育的基础和前提,教为育创造条件;育是教的指向和目标。为此,一切教育活动不能仅仅停留在"教"这个层面,而要跃升到"育"这个更高的层级。这样才能真正实现历史学的教育功能,帮助学生树立正确的世界观、人生观、价值观和历史观。

就"太平天国运动"一课而言,教材编写者绝不仅仅是为了让学生了解太平天国运动的主要史实,认识农民起义在民主革命时期的作用和局限性,而是通过重现太平天国运动的兴起、发展、失败过程,引导学生对太平天国运动进行科学的评价,使学生感受历史地、辩证地评价历史事件的方法和视角。通过

"情境再现"，发展学生论从史出、史论结合的史料实证及参与讨论、进行问题探究与合作学习的能力。学生通过学习生活在最底层劳苦大众的抗争历史，来感受太平军将士大无畏的革命精神，以此来增强自身维护国家利益和民族主权的责任感、使命感。通过对天京变乱中领导集团内部斗争的讲解，对学生进行集体主义教育等，使学生明白农民是中国近代民主革命的主要力量，但单纯的农民运动无法完成民主革命的任务。

"教"立于"学"达于"育"，而"立"又来自坚实的"育"。抓住了深入透析"育"，为"立"而"教"的教育环节，通过"太平天国运动"一课的学习，学生可以认识到近代中国农民生活窘迫的状况以及农民阶级奋不顾身的抗争品质，即农民担负起反封建反侵略的勇气和情怀，表现出一种强烈的社会责任感和历史使命感。让学生认识到太平天国运动是几千年来中国农民战争的最高峰，它不仅触动了封建土地私有制，还最早提出了在中国发展资本主义的方案。同时，学生还可以感受到太平天国将士作为传统中国农民仍具有的精神文化及特点，即质朴的民风民性、宗法伦理性、封闭性、乡土性、保守性。但因为时代的因素，历史又赋予了太平天国将士不失创新的意识和开拓的精神。这样，一堂农民运动的历史课进而升华为一堂启迪心灵、提升素养的多元文化教育课，学生的学超越了基于文本的范畴，这就在"教"与"育"的过程中，把握了"立"的教学目标，达到了"立德树人"的教育目的。

三、循序导引"学"，为"树"而"教"

十年树木，百年树人。学生的"学"不可能一蹴而就，而是需要经历一个相当复杂的"教"与"学"的互动、"思"与"悟"的过程。无论是"学"还是"育"，教师的"教"都须围绕"树"的目标展开。怎样"树"？下面我们来具体说一说。

1. 选树学习典型，形成学生学习的内驱动力

洪秀全是天国梦起的构梦者、追梦者、筑梦者，同时也是天国梦碎的毁梦者。作为太平天国的领袖和灵魂，围绕他的传奇人生来展开教学，无疑是个独特视角。关于天国梦起梦碎，我设问：洪秀全如何从一个"凡人"变成"神人"？又如何从一个"神人"变为"罪人"？农民为什么还那么死心塌地地跟着他闹革命？看着问题，学生一时茫然。此时，教师就要带着问题，和学生一

道找寻史实，不断地挖掘那时、那地、那人的想法，让学生走进历史空间，全方位剖析洪秀全的心灵，感受他内心的矛盾，体会他人性的诉求。如此，循序渐进地导引，具有一定新意、挑战和煽动性问题的深入分析，自然就会燃起学生内在的求知欲、探究力，从而使学生认识洪秀全的双面人生。既感怀、敬佩洪秀全的抗争精神和探索品质，又哀其不幸、怒其不争的腐化、堕落、愚昧。

2. 具备成才能力，为成才奠基

高中历史教学的三大任务是传授知识、培养能力和加强思想道德教育。教师在对学生进行德育渗透的同时，还要加大历史学科辩证思维能力的训练与提升。教学"太平天国运动"时，要多回头追忆，即反复研究太平天国运动爆发的国内、国际背景，如此才能真正理解这场农民运动爆发的必然性和潜伏危机的可能性。多抬头看方向，即不断引导学生思考太平天国运动和以往农民战争的区别与联系，从而让学生认清这场农民运动的反封建反侵略性质。多角度地质疑反思，即抛出连串疑问：反封建，为何领导人中有客家地主？求平等，为何民众被压榨更胜从前？反侵略，为何仍然承认不平等条约？反侵略，为何满清政权仍延命60年？……培养学生运用辩证唯物主义和历史唯物主义观点正确评价历史事件的能力。

立德树人是教育工作的根本任务，也是高中历史教学的目标之一，历史教师只有善"育"精"教"，才能在历史教学中实现这一目标。

参考文献

赵越.历史不能细看［M］.北京：台海出版社，2017.

理想信念，学生前行的灯

——以部编版"艰辛探索与建设成就"一课为例

　　立德树人是教育的根本任务，理想信念正是立德之"德"的三个层面之一。立德就是要在坚定青少年理想信念、涵养青少年道德品质、培育青少年法治意识等方面下大功夫、花大力气。因为，这直接关系着国家的命运、民族的复兴。但当下很多青少年成长在温室里，而外面的世界却广阔无垠。随着改革开放的深入，消费主义、拜金主义等西方思想也开始泛滥，如暗涌渐渐吞噬着青少年的精神世界。尽管国家一再强调理想信念教育的重要性，但知识本位、教师主导以及现阶段的考试制度等都让学生无法产生价值认同，相反，促成思想的逆流，冲击着学生的心灵。再加上发达的网络世界又提供了五花八门的信息，有些信息是西方国家暗藏祸心诱导背离社会主义信仰的观点，这就极其容易腐蚀青少年的价值观、人生观和世界观。为此，我结合历史学科特点，随风潜入夜地在初中历史教学中渗透理想信念教育。目的旨在培育学生强烈的责任感与使命感，保持学生心灵的充实和安宁，提升精神境界。本文即以部编版"艰辛探索与建设成就"一课为例谈谈我的思考，以求教于专家、学者、同人。

一、教材分析定基调

　　"艰辛探索与建设成就"这一课并不简单。

1. 时间跨度大

　　这一课主要阐述了新中国1956年到1976年间的历史。二十年的社会主义建设道路探索，既有重大成就，又存在"大跃进""人民公社化运动""文化大革命"等严重"左"倾错误。这是一段成就与失误并存、前进性与曲折性相统一的历史。

2. 特定的社会背景

《中国共产党党史》二卷记载："帝国主义越是封锁，国民经济越是困难，人民却越是团结在中国共产党的周围。因为，人民群众坚信，中国共产党代表的是人民的根本利益。在党的领导下，全国人民万众一心，发展工农业生产，改变贫穷落后面貌，建设伟大的社会主义国家。这是一个艰苦奋斗的年代，一个乐于奉献的年代，一个理想闪光的年代和一个意气风发的年代。这种时代性的社会风尚和思想氛围，给中国社会主义建设的历史烙下了深刻的印记。"现在的学生多是安逸富裕的"00后"，他们的父母是社会中坚的"80后"，对20世纪五六十年代的历史比较陌生。所以，如何让学生了解五六十年代艰苦创业的背景和先进模范的经历？学习和继承先辈们的艰苦奋斗、集体主义精神？这是一个教学难点。

3. 专业术语较多

特定的时代产生了特定的热词，分析特殊的时代又配合使用了专业的术语，如何将抽象化具体、复杂化简练，让高屋建瓴的历史接地气？这考验着教师的备课能力和课外知识的储备。

根据以上问题，我决定使用图示教学法和史料教学法，以图片和史料链接20世纪五六十年代与当今的历史，把那激情燃烧与信仰狂热的年代风貌展示给学生，进而让学生们知往鉴今，以启未来。

二、课堂导入接地气

德国教育家第斯多惠认为，教学的艺术不在于传授本领，而在于激励、唤醒和鼓舞。故课堂导入不仅要吸引学生的注意力，突出课堂的主题，更要让学生从导入中明了本课的教学立意和学习价值，从而为后续重难点的突破奠基。

【课堂导入】

师：同学们，听说你们最近写了篇作文"_____，这才是美"，感觉特别痛苦。

生：一阵惊讶，内心为之一振。

师：年年岁岁花相似。其实，你们的爷爷奶奶也曾为作文而苦恼过哦。我们来看看当年的作文题目是什么样的。

展示材料：1956年：《我生活在幸福的年代里》

1957年：《我的母亲》

1958年：《大跃进中激动人心的一幕》

1959年：《记一段有意义的生活》

1960年：《我在劳动中受到了锻炼》

1961年：《一位革命先辈的事迹鼓舞了我》

1962年：《说不怕鬼 雨后（二选一）》

1963年：《"五一"劳动节日记》

1964年：《读报有感——关于干菜的故事》

1965年：《给越南人民的一封信》

1966—1976年：《高考取消》

望着不同时代的作文题目，学生们陷入了沉思。似乎在感悟历史的变迁、悠悠岁月所折射的时代风貌和先辈们奋斗不息、敬业奉献的责任担当与强烈的集体主义精神。

师：为什么说1956年是幸福的年代？

教师提问，又一次把学生引入历史的长河中。

显然，我在这里成功地运用了时空对话，让历史生活化，并以"作文"为话题引起了学生的共鸣，点燃了学生的激情，引发了学生的兴趣，从而升华了学生的情感态度与价值观。

建构主义理论告诉我们，教学不能无视学生的已有经验，而要引导学生从已有的知识经验中"生长"出新知识，即学有所思，思而有获。

为什么1956年是幸福的年代？我首尾呼应，将1956年的高考范文给学生品读，让学生点评作文的思想内涵。

也许有人会说，这是你们的"自我亏损"，算什么幸福。其实不然，人们的人生观不同，对幸福的理解就大相径庭。在我看来，幸福不是私欲的满足，而是在崇高理想的淬火下，把自己化为一块干柴，燃助人为乐之火，亮照人前进之光。

师：你觉得这篇作文怎样？

生：文笔好、情感真挚，没有引用名人名言，没有排比……

师:虽然没有华丽辞藻,没有繁复排比,但老师觉得这是很动人的文章。同学们,你们读这篇文章,然后说一说爷爷奶奶他们那一辈有怎样的精神。

生:无私、团结、集体主义、乐于助人、珍惜当下、爱国……

这样,由接地气的作文考题深入历史,再由往事岁月托出先辈们的内心世界。那份激情,那份担当,那份永不熄灭的理想信念,就在润物细无声中,随风潜入夜地沁入了学生的心脾。回忆往事,我们会感受到生活的美好——烂漫的童年,把快乐留在心里;无私的母爱,把温暖留在心里;奋斗的艰辛,把坚强留在心里;意外的发现,把感动留在心里。这就是历史学习的价值。

三、化繁为简需用图

本课历史专业术语较多,那么,如何让学生透过专业术语感知历史教育呢?我发现了历史图片的价值。因为,历史图片是凝固的历史,是具体的历史,是形象生动的历史。它穿越历史时空的隧道形象地诉说着历史的瞬间。

【课堂讲授】

为助推学生理解20世纪五六十年代人们的精神风貌和高涨热情,我先展示了一段材料。

在社会主义革命和社会主义建设的日子里,多少人不顾个人的得失,不顾个人的辛劳,夜以继日,废寝忘食,为加速我们的革命和建设而不知疲倦地苦干着。在他们的意念中,一切都是为了把社会主义革命进行到底,为了迅速改变我国"一穷二白"的面貌,为了使人民的生活过得更好。这又不由得使我们想起松树的崇高的风格。

——1959年陶铸《松树的风格》

师:1958年人们的意念是什么?他们怎么实现他们的意念?(衔接切入讲述"大跃进"和人民公社化运动)

面对问题,接着展示20世纪五六十年代全民土法炼钢与鞍山钢铁公司专业化生产的图片(略)。对照图片,学生直观地感受到全民大炼钢铁虽然人员多,热情高,但是外行指挥内行,专业化程度低,技术含量不高,成品不合格率高,从而明白为什么大炼钢铁劳师动众,最终没有赶英超美,反而造成资源浪费、环境破坏。

以此类推,我再次展示了农业"放卫星"和人民公社化运动的宣传画与图像（略）。学生依旧是笑声连连，惊叫不断。"一万斤？怎么可能？比袁隆平还厉害？（托网络的福，学生对袁隆平的认知很高）""吃饭不要钱，真好啊！"

四幅图片对照，课堂效果自然生成，这是不期而至的惊喜。形象、生动、具体的历史图片，将"死"的历史图片变成了"活"的历史知识。面对学生的夸张反应，我没有斥责，也没有急于扭转，而是因势利导，循循善诱，逐步推进。明知不可为，为何偏要为？明知不可能，为何还固执？不断地引导和追问，学生逐渐清晰，党和国家的理想是好的，但忽视了客观经济发展的规律。

理想很美好，但现实很骨感。所以，树立理想信念要实事求是。既要仰望星空，更要脚踏实地。

四、历史故事出真彩

"文化大革命"基于话题的敏感性和中考的关注少，很多教师在处理的时候压缩或者避重就轻，轻描淡写地一带而过。从课堂效率的角度而言，这是不错的妙招。但是学生的思想认识在这里就有了漏洞，往往被人钻空子。网络的信息错综复杂，许多躲在屏幕背后的人打着自由言论的旗号，发表抨击社会主义、宣扬资本主义自由化等西方观点，企图动摇我们的理想信念。

中学生的身心还处于发展阶段，独立思考能力欠佳，心智尚未成熟，一旦接触这些言论，极易受到侵蚀，动摇理想信念。所以，我认为正视这段历史学习，有助于学生科学认识马克思主义、毛泽东思想。理想信念是建立在对历史规律的正确认识上，"文化大革命"恰巧提供了借鉴。

为了讲清这段历史，我借助微博热搜，采用大量的图片辅助讲授20世纪六七十年代热词，从而简单理顺了"文化大革命"的概况，解释了什么是"批斗""红卫兵""样板戏""破四旧""知青"等。接着阅读回忆录，用当事人的故事全面呈现"文化大革命"的情境。

故事1：夏衍——人间不会永远是"冬天"。

故事2：杨西光——"我这一辈子信仰马克思主义，不后悔，没有错。"

学生观看故事的过程很安静，我不敢多嘴。在沉重的历史面前无须太多语言，其中的心酸与苦痛，故事的主人公都为我们一一叙述了。理想信念教育靠的是潜移默化，通过故事于静默中埋下种子，于时光中等待发芽。夏衍、杨西光的故事真情演绎了他们在个人价值与社会价值冲突的时候，舍"小我"顾"大我"的英勇品质和坚定的理想信念。

贪多嚼不烂。理想信念教育是一项长期工程。作为一名历史教师，我们既要让学生的知识符合课标与素养的要求，也要引领学生形成正确的价值观、世界观、人生观。道阻且长，行之将至。筚路蓝缕，玉汝于成。立德树人，坚持不懈。

参考文献

［1］吴波.立德树人：历史学科德育渗透的几点思考［J］.中学历史教学参考，2016（5）：27-30.

［2］丁姝.中国梦视域下高中生理想信念教育研究［D］.贵阳：贵州师范大学，2016.

［3］行冬梅.不忘初心，牢记使命，培育家国情怀——以统编八年级上册第8课《革命的先行者孙中山》为例［J］.中学历史教学，2018（3）：49-51.

让家国情怀教育在历史教学中升华

——以部编版九年级下册教材"第二次工业革命"一课为例

一节什么样的历史课才是让人拍手称赞的课？在高中历史教学教研中，常常会发现被专家、学者、同人称赞的高大上的历史课已经离不开以下"潜规则"：设计精美的课件、高清的视频音频材料、大量丰富的史料、热度极高的小组讨论、层层叠叠的问题链、接轨中考高考的习题训练、繁杂的历史学科学法指导等，这些都已成为一节好课的标准。

我认为一节高效的历史课，应从一个有灵魂的教学设计开始，而一节有灵魂的历史课则离不开德育的渗透，家国情怀的结合。如此，才能让学生在获得专业知识外，使学生情操得到陶冶，人格得以完善，情感态度与价值观得到升华。那么，如何把家国情怀教育渗透到初中历史教学中？本文即以九年级下册教材"第二次工业革命"一课的教学为例，以求教于专家、学者、同人。

一、寓家国情怀教育于课程整合中

历史教学设计，要学会整合课程内容的主题，厘清线索脉络，探寻所授课程的历史事件的核心价值，渗透正确的价值观，即家国情怀教育。每一节历史课都应有一个主题，体现一种价值取向（情感态度与价值观）。因为，树立了主题意识，许多历史教学中的疑难问题都能迎刃而解，特别是一些学生早就已经掌握了的知识，教师可以舍弃。围绕着主题，帮助学生构建知识体系，渗透家国情怀，从而使历史教学目标清晰，定位高远，使学生学有所思，思而有获，树立报国之志。

"第二次工业革命"一课的教学，我围绕"创新精神，家国情怀"这一主题设计课程，尝试通过凝练主题，引领课堂，寓家国情怀教育于课堂教学中。为此，我设计四个环节，即通过"帝国年代——欧美集体秀，帝国年代——回眸溯源，帝国年代——科技的威力，帝国年代——传承科技精神"，将发展、创新、奋斗连接在了一起，贯穿全文，从而让本课教学立意高远。

附：板书设计

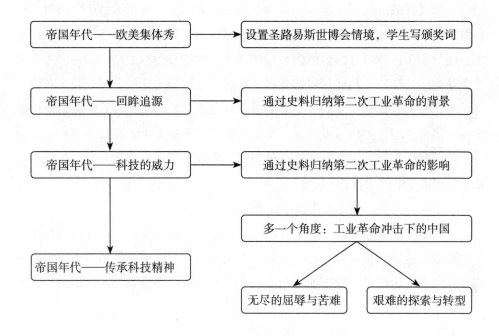

由此，在"创新精神，家国情怀"这一主题引领下，具体的教学步骤为：第一步，创设圣路易斯世博会情境，并让学生写颁奖词，目的旨在触发学生的创新能力和创新志向。第二步，回眸溯源，借探讨为何在此时开启第二次工业革命来寻创新路径，打开学生的创新思维。第三步，叹科技威力，通过感受两次工业革命给世界带来的影响之深、范围之广来帮助学生清楚认识，科技是第一生产力，创新是民族发展的灵魂。第四步，聚焦时空，考察工业革命对中国的冲击，从鸦片战争到八国联军侵华战争等一系列的阵痛，而阵痛过后，中国开始艰难的探索与转型，中华民族涅槃重生。第五步，引导学生探讨社会主义工业化建设的新时期，中国工业化之路何去何从，青少年学生又可以为工业化建设做什么，从而培养学生的责任担当和使命精神。

二、寓家国情怀教育于教学环节中

1. 从备课着手,挖掘家国情怀教育的教材因子

作为一线教师,应该牢记历史学科核心素养,在备课时,需要深挖可以渗透家国情怀教育的教材因子,做到育人于无痕之中。有些历史教材篇目具有明显的思想教育目的,如战争类别的篇目,属于显性德育教材。还有一些教材篇目,如《洋务运动》《新文化运动》《工业革命》等属于隐性德育教材,这些教材篇目离不开教师的智慧,需要教师通过一定的教学手段渗透在历史课堂中,引导学生形成自己的价值体系,帮助学生锻造必备的品格,如在"第二次工业革命"一课中,我通过研读教材,发现社会剧烈变迁的背后是技术革命,技术革命极大地提高了人们的生活质量和改变了人们的生产方式。在21世纪的中国,当代中学生如何从爱迪生、卡尔·本茨、莱特兄弟、诺贝尔等科学家的身上传承科学精神,成功打开历史的密钥,实现中华民族伟大复兴中国梦?这就是历史教学的终极目标。

2. 从导课入手,渗透家国情怀教育理念

一个精彩的课堂导入,犹如开山之作,让人眼前一亮,并且能迅速抓住学生的眼球,达成教学目标。在"第二次工业革命"一课中,我通过两个情境再现导入课堂,对比第一次工业革命后与第二次工业革命后英国的国际地位,迅速吸引了学生的眼球,学生迅速开始思考。

问题一:是什么让英国女王如此傲娇?

问题二:是什么让英国国际地位下降?

是科技!抓住了科技的先声,便拥有了无尽的荣光!错失了前沿科技,便丧失了大国地位!中华民族如若要不败于民族之林,必然要抓住未来科技的先声!

情境1:1851年,万国博览会在伦敦开幕,前来剪彩的英国女王维多利亚反复使用一个词语,来表达自己的兴奋情绪,"荣光、荣光、无尽的荣光。"

情境2:《大国崛起》解说词:"当英国人从陶醉中惊醒,猛然看见帝国上空的夕阳时,新的太阳已经在大西洋另一端的美洲大陆上升起。"

3. 从"故事"出发,树立历史人文形象

有人的地方便会有历史,研究历史,必然得研究历史中的人,高中历史教学，更应该与历史名人进行对话，通过时空对话，品味历史人物的灵魂，呼喊学生潜藏的灵魂，从而渗透历史学科核心素养教育。传统的"填鸭式"教学方式对于提升高考成绩有一定成效，但是，缺乏家国情怀教育的渗透，学生学习历史只知道"背多分"，历史教材中的人文精神完全被淡化。历史教师必须转变教学观念，改变教学手段，从人文精神出发，树立德育形象。如在"第二次工业革命"中，我创设情境具体如下。

孙中山先生在美国开展革命宣传时，参观了美国1904年举办的圣路易斯世界博览会。其中，中国的展览场偏僻、场馆窄小，展品只有瓷器、丝绸等传统老物件，令孙中山先生感到羞愧的是，中国展品竟然有刑具、烟枪、缠足鞋……但是，参观完西方展馆后，孙中山这样评价："此会为新球开辟以来的一大会。"

请问，孙中山先生在西方展馆里有可能看见哪些新发明？

主题展馆	展品
西方电气馆	电动机、白炽灯泡、电影放映机、电话、无线电报
西方运输馆	汽油内燃机、汽车、飞机
西方冶金馆	无烟火药、赛璐珞、人造纤维
中国展馆	瓷器、茶叶、丝绸、清国慈禧太后画像、女花鞋、刑具、烟枪、缠足鞋

师：每一项发明都充满神奇和魅力，假设你是世博会评审团的一员，请每个小组协商，推选你们心目中最佳的发明或物品，并为其发明者撰写颁奖词。

生1：白炽灯泡。爱迪生，是你！将自己的一生奉献给人类，纵使生活虐你千百遍，你也默默在生活中获取点点快乐！是你！纵使社会如此黑暗，你也毅然燃烧自己，点亮世界！

生2：汽车。卡尔·本茨，你是给世界装上轮子的人，从此，世界开始了狂奔！是你让我们看到了远方的风景，是你让我们知道只要创造的热情不减，奇迹就会出现！

生3：飞机。莱特兄弟，是你们，给人类装上了飞翔的翅膀，如灵鸟一般翱翔天际！是你们实现了人类的飞天梦想，你们是人类的骄傲！

生4：无烟火药。我们赞美你，我们歌颂你！五项大奖忘私利，提拔后人除新弊。你是矿山工人老板的恩师男神，你又是两次世界大战爆炸性武器的罪恶之魂!你被人们无限热爱拥戴,你又被世人浅浅一恨!维埃利,你是全世界人的骄傲!

师:俗话说,台上一分钟,台下十年功,新发明的背后往往是艰辛的泪水与汗水。他们身上有哪些故事?

生5:爱迪生研究白炽灯时,为寻找灯丝材料,用过8000多种植物纤维,试验过2000多种耐热材料。

生6:诺贝尔一生拥有355项专利发明,并在欧美等五大洲20个国家开设了约100家公司和工厂,积累了巨额财富。在诺贝尔逝世的前一年,立遗嘱将其财产的大部分作为基金,设立了诺贝尔奖。

……

历史教学离不开历史课堂中的主角,也就是学生。在整节课中,我将学生放在第一位,通过创设情境,邀请学生担任世博会评审团的一员,推选他们心目中的最佳发明或物品,并为其发明者撰写颁奖词。在这个环节,既培养了学生的合作能力,又激发了学生的智慧与创新能力。在这颁奖词里,体现了学生对科学家的仰慕,更激发了学生内心想要成为科学家的愿望。而作为课堂"导航员"的老师,更应当多读书、多思考、多丰厚自身学养,掌握教学最前沿的动态理论知识,从而形成科学的教学方法,更好地引领学生前行。

三、寓家国情怀教育于课堂细微中

历史课堂教学离不开史实的对比。历史学科知识点不是单一的,更不是割裂的,而是纵横交错、繁杂紊乱的。因为总有一条线可以把知识点串联成一个整体。所以,我们在教学设计里,需要指引学生找到知识点与知识点间的关联点,从而构建完整的历史学科知识体系。在"第二次工业革命"这一课里,我在导入环节就使用了对比手法,用英国女王面对第一次工业革命的成就时"荣光、荣光、无尽的荣光"与第二次工业革命后英国的国际地位一落千丈进行对比。在第一环节"帝国年代——欧美集体秀"中,又进行了第二次对比,中西方工业革命成果的对比,用西方的先进工业成果与中国的瓷器、茶叶、丝绸、清国慈禧太后画像、女花鞋、刑具、烟枪、缠足鞋等进行对比,中国的落后可见一斑,学生于无形中受到震撼,更能理解此时中国的腐朽与不堪,也更能明白1911年辛亥革命出现的必然性和伟大意义。接着,在第三环节"帝国年代——科技的威力"里，进行了第三次对比，工业革命对中西方的影响截然不同。我先带领学生了解第二次工业革命给西方带来的巨大变化，再把镜头切换到中国，引领学生了解工业革命冲击下的中国的惨况，继而引出新时代下面临新的难题，如何振兴中华？从而进行历史学科核心素养的渗透，帮助学生树立正确的价值观。

家国情怀是中国传统文化的重要组成部分，深究中国博大精深的历史，到处都是伟大情怀的体现。培养爱国情感，树立民族自信，将此教育深植于中学历史教学中，具有重要的实践和现实意义。

参考文献

陈锡祺.孙中山年谱长编［M］.北京：中华书局，1991.

挖掘历史素材，思想
品德育人

　　历史是什么？表面上看，这个问题似乎容易回答，但真正较真儿起来，却又是个非常难把握的问题。因为"历史"的概念有客观和主观之分，可谓异彩纷呈。但我认为历史就是一系列不同时代、不同地域的人的思想和行为的综合展现，而行为又是由思想所支配的，因而任何历史内容都可以看成思想变化所造成的一系列结果。由于高中历史教材弱化了历史事件本身的故事性，强化了其蕴含的行为道德与思想品质，这本身就是凸显品德教育的一种表现。因此，历史教师要引导学生对历史教材内容不断探究，努力发掘其中值得学习的人文教育素材，把握德育目标，将德育灵活渗透到教学中，从而促进学生良好品德的形成。现在的中学生是跨世纪的一代，他们是新世纪我国现代化建设的主力军，耐心细致地做好他们的思想工作，尽力提高其思想道德素质，是精神文明建设中重要的一环。所以，挖掘历史教材素材，加强学生的思想道德教育，历史教师责无旁贷，任重而道远。

追逐人性化教学的曙光

现代教育理论认为课堂是教师、学生、教材、环境等多种因素的整合，教学是师生运用教材、环境等载体而进行的一种对话、一种沟通、一种相互切磋、一种合作共建，只有这种课堂教学，才能称得上是真正意义上的人性化的教学。在这种教学理念的引导下，我们在高中课改年级进行了分组合作自主学习教学模式的探索与实践。分组合作自主学习教学模式指的是依据现代教育理念，在老师的指导和引领下，由学生组成若干学习小组，通过自由讨论、合作探究和师生互动等形式，解决特定的历史问题，使学生的历史知识、学习方法、学习潜能、情感体验都能得到较大发展的一种教学模式。通过一年多的实践，我们自感受益匪浅，获益良多。现将几点主要体会流露笔端，祈望能与同人交流探讨，从而获得进一步的完善与提高。

一、转换角色，创设多样的历史情境，激发学生的思维

教学过程是师生互动的过程，教师是学生学习和探究的启发者、合作者、促进者和引导者。也就是说，我们的历史教师不能仅担当教材知识的搬运者、教参的执行者，还必须从主要是知识传授者这一角色中解放出来，做学生学习活动的促进者，真正成为学生的良师益友，促进学生的知识与能力、过程与方法、情感态度与价值观的全面发展，这是教师主要的责任。

根据新课程标准的要求，我们在实践分组合作自主学习教学模式的过程中，要明确教师的角色定位，即做学生学习活动的服务者、推波助澜者，紧紧围绕某一课的中心内容，创设和准备形式多样的历史情境，帮助学生讨论、探究，形成学生自主学习的活水源头，将功夫主要花在课外。这样，教师就可从烦琐的课堂讲授中解放出来，侧重于导学、助学、组织和管理教学，这是分组

合作自主学习教学模式得以顺利开展的重要前提。那么，创设怎样的历史情境才可以起到助学、导学的作用呢？

1. 创设材料情境，拓展教与学

如讲必修Ⅰ第1课"从内外服联盟到封邦建国"，要展示"方国联盟和封邦建国"的原始材料，显然，这就对课文进行了恰到好处的补充、解释和拓展。两者对照，学生经过讨论、分析后，其中的区别自然不言而喻。

2. 创设故事情境，激发教与学

如讲第6课"雅典城邦的民主政治"一课时，我说："公元前503年雅典有一个村落，这天天刚蒙蒙亮，村里的公民们就早早地起床了，他们穿戴整齐，兴高采烈地往雅典城赶去。从他们那刚健的步伐、喜形于色的表情中可以看得出，今天他们是多么地激动、多么地兴奋，因为在他们心中都藏着一份责任和一个神圣的使命。"新颖的情境，再加上教材中的解释，学生对雅典民主制的实现方式及功能的理解也就水到渠成了。

3. 创设问题情境，引导教与学

如讲第9课"北美大陆上的新体制"一课时，我们设计以下一组问题：美国为什么要制定1787年宪法？它有何特点？两党制是怎么回事？对美国政治产生了什么影响？英美两国政体有何异同？激发学生讨论、探究的欲望和内在动力。

4. 创设实物情境，帮助教与学

如讲第13课"鸦片战争"一课时，展示"虎门销烟"和"圆明园劫后遗址"两幅历史图片，然后让学生围绕这两幅历史图片展开联想、讨论。睹物思史，读史生情，有助于学生对两次鸦片战争的原因、性质和后果有清晰认识。

5. 创设历史剧情，感染教与学

如讲第23课"祖国统一的历史潮流"一课时，我穿着一身中山装走进课室，然后高歌了一曲《七子之歌·澳门》，别致的穿着，悠扬、动情、感人肺腑的歌声让学生深受震撼，再来设置问题讨论，其效果和震撼力自然十分明显！

总之，情境的设置是多种多样的，此处不再一一列举。我们从中深受启发，形式多样的历史教学情境的创设，可以很好地引导学生参与教学过程，推动问题讨论的顺利进行。尤其是可以使教师们从"满堂灌""一言堂"，既劳身又劳心的疲惫中解放出来，让学生在新的历史情境中去学习、去探究、去感悟。

二、张扬个性，落实主体地位，唤起学生的自主意识

新课程提倡以弘扬人的主体性、能动性、独立性为宗旨的自主性学习，要求把学习的主动权交给学生，强调在面向未来的历史课程中占据中心位置的应是人，而不是学科本身。正如陶行知所说，课堂教学要充分解放学生的大脑、双手、嘴巴、眼睛，让学生的多种感官全方位地参与学习，使课堂焕发出生命的活力。课堂教学的立足点是人，而不是"物化"的知识，让每一个学生都有参与的机会，使每一个学生在参与的过程中体验学习的快乐，获得心智的发展。好的课堂教学应该有一种友好、民主、平等的教学氛围，应该充满着人文色彩、人文精神、人文关怀和张扬个性。

根据新课程的理念，针对目前教学中存在的问题，我们大胆实践"分组合作自主学习"教学模式，让学生在教师创设的历史情境中，以小组为单位，有目标、有计划地互相讨论、合作探究、自主学习，其目的是要把学习的主动权交给学生，使学生走出僵化、沉闷的求学苦海，彰显个性，发挥潜能，提高素质，真正落实学生的主体地位。我们在教学中又是怎样落实学生的主体地位，实现个性化教育的呢？

1. 让学生"自组"

由于每个学生的性格、爱好、情趣、知识等方面存在一定差异，思维方式、学习需求、学习风格也不一样，因此我们在提醒学生适当注意男女搭配的前提下，允许学生自由组合、择位而坐，以4~6人为单位，组建学生小组。也可以是前后桌的学生搭配。每次活动前，推举一名负责人来主持活动，但主持人要不断更换，确保公平和全面。实践证明，这有利于合作探讨，有利于因材施教，有利于培养学生的团队意识，更有利于学生的个性化发展。

2. 让学生"自读"

上课开始，教师就把课程目标展示给学生，做到心中有数后，让学生自由阅读，规定每组至少提出一个问题或准备一两个与课文内容相关的史实或事例。改变了过去教师提问、举例的主宰地位，大大激发了学生的学习热情。

3. 让学生"自议"

课堂上注意保障学生的探讨时间，围绕历史情境或问题，学生分组展开讨论、争辩，进而解决问题，对悬而未决的问题教师给予点拨、指导。通过自

议，学生的主体意识得到加强，潜能得到开发，能力得到培养，还让学生感到探究有望，合作有益，时间有余，不是流于形式走过场。

4.让学生"自说"

尽量给学生创造说话的机会，鼓励其辩难、质疑，重视学生创新能力的培养。恩格斯说，人类思维是"地球上最美的花朵"，而创新思维是其中最璀璨的一朵，所以在教学中，我们经常鼓励学生："不怕讲错，只怕不讲"，尤其那些性格内向、自卑心理严重的学生更要开口讲，学生间互相帮助、互相鼓励，表达自己的观点，和大家一起分享。这样，教师的教学有针对性，增强了学生的自信心，而且维护了学生创新思维的火花。

5.让学生"自练"

新课程的基本目标之一是为学生减负，但因课标和教材偏难、偏深，实际上却加重了学生学习的负担。为了检测教学效果，又不增加学生课外负担，我们根据教学内容的需要，事先精选了一些有代表性的且体现层次梯度的练习题，让学生当堂训练、纠错，既落实了知识，又提高了学生的成就感。

6.让学生"自演"

"活动建议"内容是新课程的一大亮点，为了让学生加深对所学知识的理解和掌握，我们根据"活动建议"的指导，加上自己的设计，适当组织学生自编、自导、自演历史短剧或者片段。学生在自编、自演过程中，对历史过程的体验和感悟加深，创新的思维火花得到迸发。

三、师生互动，弘扬学术自由精神，激活教与学

人类文明及其发展有共性，但其多元性、互补性可能更有其历史、现实方面的价值，"百花齐放、百家争鸣"是学术进步的基本前提。史学的博大精深，并非仅指其研究对象的包罗万象，更主要的是其能够海纳百川——允许不同声音，接受多元理解，容纳相悖评论，这是史学发展最基本的特点，也是新课程非常重视的理念。因此，我们在教学设计中，要注重从历史和学生的认知特点出发，选择适当的时机、典型的史实、关键的问题让学生听到不同的声音，培养学生思辨的意识；让学生懂得多元理解，以促进其思维的发展；让学生知道相悖评论，以孕育创新思维。在教学过程中，特别重视并及时抓住学生突然冒出的、出乎意料的、引起群体"共鸣"的问题或看法，鼓励、保护其智

慧的火花，帮助其纠正不足或错误。自实施分组合作自主学习教学模式以来，无论是学生还是教师，都有一种这样的感觉，现在历史课就是师生争鸣课、辩论课，学术自由的精神在这里得到了真实的弘扬，学生的历史知识、学习能力和思想认识都得到了升华。

例如，第16课"五四爱国运动"，当我们讲到"五四精神"的时候，有位教师设置了这样一个探究问题："五四精神"的主旋律就是爱国主义精神吗？"五四精神"既是本课的重点，又是本课的难点。说它是个难点，主要是因为课文中只提出了四个历史结论和非常有限的小字说明，学生理解起来相当困难。但是，让我们没有想到的是，学生的发言不仅使我们惊喜和兴奋，而且可以说是语惊四座、百花齐放，每组发言各抒己见，观点突出，论证清晰，分析中肯。主要观点可分为三种：第一种观点认为爱国主义精神是"五四精神"的主旋律。因为五四运动是在中华民族处于生死存亡的危急关头爆发的群众性的爱国运动。民主与科学、追求真理、勇于解放只是救国救民的手段，救国救民才是五四运动的根本目的，而爱国爱民又是救国救民的源泉。所以"五四精神"的主旋律是爱国主义精神。第二种观点认为民主与科学的精神才是"五四精神"的主旋律。因为民主和科学是新文化运动的两面旗帜，也是"五四精神"的主要内容，五四运动也是新文化运动发展的必然结果。新文化运动的主要代表及领导者陈独秀、李大钊、胡适、蔡元培、鲁迅等在五四运动爆发后发挥了主要的指导、组织和支持作用，他们所培养的一大批具有新思想的热血青年，许多都成为五四运动的骨干。五四运动既巩固了新文化运动的前期成果，又极大地推动了新文化运动向深广发展。所以我们坚持民主与科学的精神是"五四精神"的主旋律。第三种观点认为追求真理、勇于解放的精神也是"五四精神"的主旋律。主要原因是思想在先，行动在后，思想是行动的指南，即正是因为有了中国人民追求真理、勇于解放的思想，在中国广泛传播马克思主义、无政府主义、新村主义、合作主义等，才有了这些主义指导下的爱国壮举和民主与科学两面旗帜等。三方代表从不同角度阐述了自己的观点，争论得异常激烈。就在三方争论不下的时候，同学们齐把目光投向了老师。望着几十双求知若渴的眼神，老师说话了："同学们！作为老师，我深感欣慰，从你们刚才的辩论中，我看到了一股精神和力量，大家说得都很有道理，辩论得也很精彩。五四精神的主旋律究竟是什么？确实值得争论，但不管哪种精神，都是宝贵的精神文化遗产。至于主旋律究竟是什么，我的观点比较偏向第一种（一阵掌声）。因为从五四运动爆发的根本原因、过程、标语、口号和目的来分析，更多的是体现了爱国主义精神（又是一阵掌声）。当然，大家可以保留意见，继续探究。"就这样，在激烈、紧张、兴奋和愉悦的氛围中下课了。

四、反思实践，课改探索前景光明，但任重而道远

参与就是学习，互动人人得益。伴随着新课程一年多的实践，分组合作自主学习教学模式的探究也经过了一年多的摸索，我们认为它对学生素质的全面发展有积极意义。主要表现在：它可以打破传统教学学生喜欢历史，但讨厌上历史课的现象；它可以改变传统学习方式学生的依赖性，帮助学生养成学习的独立性；它可以让学生的个性得到张扬，培养学生健康的心理和健全的人格；它也可以让学生既有成功的喜悦，也有不成功的挫折与反思，从而获得人生体验，激发学生生命的活力，促进学生生命的成长；它还可以培育学生勇于探索、创造和追求真理的科学精神，因而，它是能彰显人性化教学光芒的一种教学模式。

如果说分组合作自主学习教学模式是一种能彰显人性化教学光芒的模式，那么在人性化教学方面，它目前还只是曙光初露，尚有层层迷雾。在分组合作自主学习教学模式的实践中，由于主观、客观环境条件的限制，它还有许多的局限。为此，我们分析了其中的原因，具体如下。

（1）我们认为，在课程改革大背景下的高中历史课堂教学中，教学模式、教学方式方法是多元的、开放的，所以分组合作自主学习教学模式不是唯一的、适合任何学生、任何教学内容的教学模式。

（2）在这一模式实施之初，学生自主学习的困难较大。主要原因是高一学生刚从初中升至高中，不仅有一个适应过程，而且他们的知识储备不足，文化素养缺失。另外，教材按专题编写，体例难度太大；政治、经济、文化的内容严重割裂；受篇幅限制，教材的教学内容结论多、概念多、史实少。这些因素往往造成学生讨论、理解陷入困境，严重制约了自主学习活动的展开。

（3）耗时较长，有限的课时很难完成课标所规定的教学任务。新课程强调探究性、开放性、主体性等许多新的教学理念，这些理念无疑都是十分理想、先进的，也是符合社会发展的。但根据中学实际，历史课每周只有2课时，一

个学期下来最多也只有36课时，而教材内容无论是必修模块还是选修模块，每个模块至少都有30课以上，所需的课时最少都要36课时。显然，要完成教学任务，压力大，任务重，能留给学生自主讨论的时间实在不多。

（4）分组合作自主学习与考试，尤其是与高考的关系如何处理，我们还处在迷茫中。高考究竟怎样考、命题究竟怎样命等问题，都制约了我们在实践中的展开力度，可以说这是目前新课标理念难以贯彻的主要原因之一。根据以往高考情况的分析，历史基础知识的考查比较细、比较精，也比较活。那么，学生的自主学习是否与考试对路？这不能不让我们牵肠挂肚。

（5）怎样调控？怎样管理？这也是让我们比较棘手的问题。比如，学生"自组"有时会给课堂前几分钟带来一定的混乱。虽然我们要求学生的"自组"务必在课前完成，但课间只有10分钟，一旦碰上老师拖堂，下课晚了，或者学生要解决其他事情等，这就必然会影响学生的准备工作。

（6）如何摆正学生的主体地位和发挥老师的主导作用，我们把握不好。新课程的很多内容学生很难把握，即使老师创设了许多历史情境，学生还是似懂非懂。此时，是以老师讲授引导为主，还是以学生的自主学习为主？这对我们又是一大问题。

（7）历史情境和问题设置难易度不好把握。一个班级有优生、学困生、中等生之别，一个年级有好班、普通班之分。学生的历史知识和视野、认识水平和能力存在相当大的差距，所以在设置历史情境和历史问题时，确实感到压力很大。

在高中历史新课程的教学中，有足够的空间期待着大家去探索，有大量的问题等待着大家去解决。在不断完善、优化高中历史课堂教学的问题上，希望我们对分组合作自主学习教学模式的探索与思考能起到抛砖引玉的作用。

探求高中历史课堂教学中提升学生
幸福指数的路径

——岳麓版"北美大陆上的新体制"一课教学观摩后的思考

　　幸福是个永恒的话题。亚里士多德说："幸福是人生的目的和意义，是人类存在的最终目标和终点。"以培养人、发展人为目的的教育教学活动，使学生获得幸福应该是教育教学的终极目标。

　　前不久，我参加了学校组织的"北美大陆上的新体制"一课的教学观摩活动，课中出了点"小意外"，一个学生在回答问题的时候，并未按照老师精心引导的方向回答，而是鲜明大胆地提出自己相反的看法，并挑战性地滔滔不绝、长篇陈述。一时课堂气氛变得有点紧张，但没想到执教老师在短短几秒钟的惊慌后迅速回过神来，没有责备，没有打断，而是带领全班同学认真、肯定地聆听了这位学生的高见。最后，这个学生的观点赢得了全班同学和听课老师的阵阵掌声。虽然这掌声似乎有点是对"异端"的欣赏，是对老师知识权威的挑战，但听课老师、同学们，尤其是那个回答问题的学生都无不感到异常的愉悦、兴奋。

　　课后，听课老师在充分肯定执教老师机智、敏锐和人格魅力的同时，更多地把话题转移到"如何提升学生的幸福指数"这个问题上，一时间讨论非常激烈。老师们一致认为，幸福指数教育是基于生命的事业，历史课堂应该是人人都有机会发出自己独特的声音，能充分展开思想间的碰撞，能感受到精神相遇的愉悦及学习的幸福。那么，如何在高中历史课堂教学中提升学生的幸福指数呢？老师们再次畅所欲言，各抒己见。我身处其中，感触尤深。在此，仍以

"北美大陆上的新体制"一课为例，就如何提升学生的幸福指数谈点拙见，以求能为广大同人带来些许启迪和帮助。

一、热点时事新闻导课——引人心灵神往

陶行知先生的教育观：生活即教育，社会即学校。他说："没有生活做中心的教育是死教育。"增强历史知识的现实感，有助于让"遥远"的历史"亲近"起来，"枯燥"的课堂"鲜活"起来，实现历史与现实的互动，课堂与生活的对话。现实问题大体就是每天都在发生的社会新闻以及时事热点、焦点问题。作为一部分社会成员的高中生，对一切事物都充满了好奇心，理所当然地希望了解这些，而且渴望倾吐和交流。教师要善于发现这些现实问题与历史教学内容之间的联系，通过巧妙的教学设计将它们引进课堂。这样既可以引导学生把他们对现实问题的各种印象和感受、怀疑和困惑带到课堂中来，展开无拘无束的谈话，使学生"在课堂学习中愉悦、亢奋、充实，甚至非常幸福"；又可以以现实生活问题为媒介，引起学生对一些历史现象和问题的关注与探索，从而实现历史教学"回顾历史、关注现实、启迪明天"的功效。

"北美大陆上的新体制"一课概念多，政治理论性强，如果单刀直入地讲解，势必索然寡味，而且效果不佳。所以，我认为倘若运用热点时事新闻导课，效果则会有另一番风景。例如，展示2013年10月发生的美国政府关门事件或播放美国政府关门风波的视频，并展示材料：由于美国民主、共和两党在围绕政府预算和奥巴马医改的交锋中互不相让，众议院与参议院、国会与总统无法就预算协议达成一致，美国联邦政府预算在2014财年10月1日开始之际便没有着落，联邦政府的非核心部门只能重蹈17年前关门的覆辙。学生阅读完材料，看完视频后，教师随即抛出"美国为什么会出现政府关门事件？政府关门后美国政局为何没有多大影响？这种现象在中国发生过吗"等问题。看着问题，学生都会陷入沉思。因为这些问题都是学生熟悉的，也是他们喜欢的，他们渴望了解的社会热点或焦点问题。这样，教师不仅可以顺其自然地导入新课，而且开课伊始就引人心驰神往。"对于真正的美国来说，他们国家最值得骄傲的不是庞大的物质财富、领先世界的科技和教育、无与伦比的军事力量，而是创造这一切的机制。"那么，"这一切的机制"是什么呢？是怎样产生的？与英国相比有何不同？它们之间是如何实现权力的制约与平衡的呢？从现实倒回到历史。

古人云："开卷之初，当以奇句夺目，使之一见而惊，不敢弃去。"历史课堂导课何尝不是如此？当把大量学生熟悉的社会热点时事新闻恰当地引进历史课堂，你不仅可以收获意外的惊喜，还能避免将历史课堂沦为"纸上谈兵"，从而将课堂变得更有实际价值和作用，有效地激发学生关注国家大事和国际时事的兴趣，养成"家事、国事、天下事、事事关心"的良好品质，为高中历史课堂教学增添独特的魅力。

二、实战演练的历史情境教学——令人亢奋陶醉

历史是过去的，过去性是历史知识的特点之一，历史的时空与当代中学生的生活有着遥不可及的距离。学生无法理解当时的历史氛围，也就无法体会当时的人物感受，理解历史事件的真实意义，认识历史现象的深刻内涵。因而，即使再伟大不朽的历史人物、再跌宕起伏的历史事件，也无法激起学生内心的波澜，无法引发学生对历史课堂的兴趣，从而使学生产生共鸣。那么，如何让学生因课堂而心潮澎湃呢？我认为，可实战演练的历史情境教学不失为一种好的途径。因为，这种历史情境可以将历史复原，使久远的历史重现，使学生在身临其境、心感其情的状态中达到主动学习历史知识的目的。其好处就是把教材用活了，让学生变活了，使课堂生动了，教学过程的育人功能展现出来了。因此，实战演练的历史情境教学是对新课程改革的一种有效探索。

"北美大陆上的新体制"一课的核心问题就是"新体制"，而"权力的制约与平衡"则是"新体制"的灵魂，这不仅是美国社会精英的伟大创造，也是人类政治智慧的耀眼光芒。曾听很多教师说，每当讲这节课的时候，总会感觉心有余而力不足，不管怎么解释，不少学生总是似懂非懂。因为"权力的制约与平衡"不仅有抽象的概念，还蕴含着深奥的政治理论。我也和许多教师一样经历过同样的困惑，但后来尝试让学生实战演练的历史情境教学，发现效果真的不错。

情境一：1994年，克林顿被琼斯指控与白宫前实习员（莱温斯基）曾有染，但克林顿均予以否认，琼斯败诉。但1998年，克林顿向全国发表电视讲话，承认他和莱温斯基有"不适当"的关系，并承认他们的关系是错误的。提问：面对这个问题，联邦法院能做什么？国会面对联邦法院提交的报告会怎么做？

情境二：1998年，众议院举行全体会议，以简单多数通过了以"做伪证"和"妨碍司法"为罪名的对克林顿的弹劾议案。提问：不想这么快下台的克林顿该怎样应对？不愿善罢甘休的国会还能做什么呢？

情境三：1999年，参议院在对克林顿总统弹劾案的最终表决中，以45票赞成对55票反对否决了对克林顿的第一项弹劾条款，即指控他在绯闻案中"做伪证"。以50票赞成对50票反对否决了他"妨碍司法"的第二项弹劾条款。两项表决都没有达到宪法规定的对克林顿定罪和免职的票数。提问：材料反映了美国政治体制的什么特点？

面对情境和问题，学生展开辩论、质疑和展示，最后教师点拨，学生很快入情入境。权力的制约与平衡主要体现在两个方面：一是依据联邦制原则，确立了联邦政府与州政府分权；二是依据三权分立原则，对联邦政府的权力进行了分割，国家权力分别由国会、总统和最高法院行使，又互相制约。这样，三个教学情境创设的问题很快顺理成章地得到了解决。面对情境一，联邦法院宣布总统违宪，并向国会递交调查报告，众议院依此提出弹劾议案。面对情境二，克林顿可行使总统权力，否决国会议案，国会只能再次投票表决，如果2/3多数人赞成即可通过。面对情境三，不难明白，美国政治体制的突出特点就是权力的制约与平衡。在美国，联邦政府和州政府都实行三权分立的政治体制。三权分立是指把国家权力分为立法、行政、司法三部分并建立相应的国家机构来分别行使这些权力，同时三个权力机关又是相互制衡的权力体制。

"披文入情，循路入境。"如此可操作的历史情境教学，学生是很感兴趣的，这就避免了教学的生硬、死板、俗套，从而唤醒学生的情感，激活学生的思维，使学生进入亢奋状态而感到愉悦。

三、主体开放式学习——使人心旷神怡

苏霍姆林斯基认为，在人的心灵深处都有一种根深蒂固的需要，那就是希望自己是一个发现者、研究者和探索者。既然渴望自主是人的天性，所以教师就应多加关注学生的生命价值，给学生以主动探索、自主支配的时间和空间，营造民主、轻松的课堂氛围。理想的课堂应是点燃学生智慧的火把，是让师生共同创造奇迹、唤醒各自潜能的舞台。正如专家云："自由度愈高的学习，身心投入的程度愈高，兴趣也就越高。"当学生在经历了一个自我选择、自我提

问、自我探索、自我情感体验、自我评价的主体开放式学习过程后，其学习热情、能力、效果怎能不提高呢？

"北美大陆上的新体制"一课的重点是1787年宪法制定的背景、内容、原则和作用。那么，如何让学生自然地掌握这些问题呢？我建议教师可事先把准备好的材料展示给学生，学生以小组为单位依据材料和教材进行主体开放式的自主学习，然后就这些问题在小组内讨论、记录，达成共识，接着每小组推选一代表，展示小组的讨论成果，最后小组间互评，老师点评。这样，教学就在生生交流、生生互赏、师生互动的热烈气氛中不断碰撞。

材料一：当时欧洲商品大量涌进美国市场，严重威胁本国工业的发展。但中央政府无权规定全国统一的关税，无力保护本国工业。同时，各州自定关税和发行各自的货币，也阻碍着国内贸易的发展。

——刘宗绪《世界近代史》

材料二：美国当时还为一些欧洲大国所不容。英国军队还驻扎在美国西北的边境内，而南部和西部边境则面临着西班牙人的威胁……无权维持常备军的邦联政府对国内的反抗斗争束手无策。

——高中历史必修Ⅰ（人民版）《美国1787年宪法》

材料三：欧洲各国纷纷私下盘算，看不到联邦政府的执法能力，和它签了条约也等于白签，所以要签订条约还是和各州打交道，看上去还可靠点。结果弗吉尼亚州就真的"跳过美国"，自己单独核准了对英国的条约。

——林达《近距离看美国之国四如彗星划过夜空》

材料四：第一条第一款　本宪法授予的全部立法权，属于由参议院和众议院组成的合众国国会。第二款　众议院人数和直接税税额均应按本联邦所辖各州的人口比例分配于各州，各州人口数目指自由人总数加上所有其他人口的3/5。第三款　合众国参议院由每州州议会选出2名参议员组成，参议员任期6年，每名参议员有1票表决权……第十款　任何一州都不得发行纸币……未经国会同意，各州不得对进口货或出口货征收任何税款……不得在和平时期保持军队或战舰……不得与他州或外国缔结协定或盟约……

第二条第二款　行政权属于美利坚合众国总统。

第三条第一款　合众国的司法权，属于最高法院和国会不时规定和设立的下级法院。

第四条第一款　各州对其他州的公共法令、记录、司法诉讼程序应给予完全的信任和尊重。国会可用一般法律规定此类法令、记录、司法诉讼程序的验定方法及其效力。

——1787年《联邦·宪法》

历史学科的研究主要依据史料进行，就如自然科学必须要进行实验一样。可以说，没有史料就没有历史。历史学习的重心不应是过去发生了什么，而是学习怎样去获取知识。如何获取历史知识。我认为应把史料作为证据，让学生在这个基础上去自主探究。因此，教学中仅靠教材资料是不够的，必须有的放矢地补充一些史料。因为史料是教学中学生自主学习、生生交流、师生互动的源头活水。所以，当学生读完上述材料后，美国1787年宪法制定的背景、内容便跃然于头脑中，它所体现的原则和产生的历史作用也就在学生的自主学习中、思维碰撞中、愉悦交流中、积极展现中形成认识。

四、多维交往的对话，演绎生命活力

生命化教学强调的是教与学的多向交往和互动，正如"水尝无华，相荡乃成涟漪；石本无火，相击而发灵光"。在师生、生生间的多向交往中，双方的情感、思想、智慧和领悟都可在相互交流、相互沟通中得以相互启发、相互促进，并从平等的、开放的对话中获得新的感受、新的理解。对话是建立在民主、独立、平等之上的教师与学生、学生与文本间的精神相遇、情感交融。作为引导者和合作者的教师，要积极构建多向交往的对话空间，形成生生、师生互动的心智对流，共享生命对话的愉悦和幸福。当教师授完新课后，不必立马组织学生去做巩固练习，而应再把舞台和时间交还给学生，让他们再次回味课本，反思所学，质疑问难。记得有次我在讲完"北美大陆上的新体制"这课后，像往常一样，要求学生静默几分钟，反思所学。不料出现了下面一段多维交往的对话情景。

生1：老师，美国的中央政府与英国的中央政府一样吗？它们之间有区别吗？

生2：这个问题有点迷惑。

生3：我认为，英国中央政府是内阁制政府，首脑是首相，内阁由在议会中占多数席位的政党组成。美国中央政府即联邦政府，国家权力分为立法权、行政权、司法权三部分，分别由总统、国会、最高法院行使这些权力，同时它们三者又相互制约。

师：问题提得好，回答得也很有道理。看来大家对这个问题确实有疑问。其实美国中央政府是联邦政府行政部门，即总统内阁，掌握国家行政权。总统由选民选出，既是国家元首、政府首脑，又是武装部队总司令。它和国会、联邦法院形成相互制衡体制。

生4：英国中央政府即内阁制政府，那么，美国中央政府也是内阁制政府吗？

生5：我想不是，但我说不上原因。

师：有哪位同学能帮忙解决？

生6：英国是由下院大选中获胜的多数党领袖组成责任内阁，总揽国家行政权并对议会负责，内阁全体成员对政府事务集体负责，并与首相共进退，国王作为国家元首，但统而不治。美国我就不太清楚。

师：同学们问得太专业了。美国内阁，通常称为总统内阁，是美国联邦行政部门，总统是国家元首、政府首脑，而内阁不过是总统的辅助机构和下属，没有宪法上的独立地位和法人代表。

如果不是下课铃声响了，可能对话还要继续。时间虽然只是那么短短一会儿，但却是师生精神最为振奋、情绪最为高昂、思维最为活跃的时刻。每当这个时候，学生总会感觉意犹未尽。因为这是师生在民主平等氛围中的沟通，是师生心灵敞开后的互动交流，是学生主体和教师主导在彼此交往过程中认知、态度及价值观等方面的碰撞与感悟。

生命化的历史课堂教学应该是知识激活知识、生命激扬生命、心灵激动心灵、人格激励人格的课堂；应该能透过活泼的氛围、活跃的思维和活生生的教学环节，让鲜活的生命在律动、在交融、在成长，让智慧在闪现、在流动、在焕发熠彩。历史课堂教学中，如果教师能细心呵护生命的独特体验，遵循生命的发展规律，能有效促进生命的健康成长，那么历史课堂教学就能充满活力，真正提升学生的幸福指数。

高中历史新教材对学生素质全面发展的影响

高中《历史》教科书试验本以其全新的面目,基于较高层次的基础教育要求,自1997年秋季学期在江西、山西、天津二省一市启用至今,已成套面世,并完成第二轮的教学实践。应该充分肯定的是,它是我国二十多年来教育教学改革的丰硕成果之一,是历史学科发挥学科功能、提高学生素质、提升教师水准的最值得推广的教科书。现就该教科书在教学实践中对学生素质全面发展的影响问题谈一些个人看法,以求教于同人。

一、优化教科书结构,着眼于素质培养

历史学是研究和阐述人类社会发展的具体过程及其规律的一门人文社会科学,内容繁杂,博大精深。作为历史课程,一方面,对提高学生素质具有不可替代的作用;另一方面,又受到高中课程设置和教学规律的限制。新教材在以往教材编写的基础上,很好地抓住了这一矛盾的主要方面,编出了新意,创出了新水平。

1. 注重高中教学特点,设计三大板块

高中教育两大任务,既为高一级学校培养合格的新生,又为社会主义现代化建设培养合格的劳动后备军。同时,高等院校因专业设置的不同,又有文、理科新生的侧重选拔。基于这一特点和要求,新教材从素质培养和减轻学生负担的实际出发,定"中国近代现代史"为必修课,在高一年级开设;而"世界近代现代史"为选修课,在高二年级开设;"中国古代史"则为X科限定选修课,在高三年级开设。不做毕业和升学要求的中国文化史、世界文化史则以选修课的形式编定,供学有余力的学生学习或由学校自行安排教学。教材编写的这种安排是科学的。置"中国近代现代史"于高一必修,体现了江泽民关于

"两史一情"全面提高国民素质的要求，有利于帮助青年学生掌握中国近代沦为半殖民地半封建社会和中国人民探索救国道路、反抗外来侵略的历史；掌握中国共产党领导人民取得革命胜利，建立中华人民共和国，步入社会主义社会以及建设社会主义的进程。使其进一步了解国情，更加热爱社会主义祖国，帮助他们培养正确的人生观，树立民族自信心和振兴中华的历史责任感，为其更好地进行学习和今后参加社会主义建设奠定良好的思想基础。作为高考要求的X科限定选修课，包括"世界近代现代史""中国古代史"与"中国近代现代史"，它们一起构成了较为完整的历史课程体系，不仅具有较强的思想性，而且具有基础的历史学学科韵味，其素质培养的侧重点在于为高校相关专业招收合格新生和学习深造相衔接。而中国文化史、世界文化史内容的编写，有利于拓宽学生的视野，提高人文素养，激发学生的求知欲，无疑对学生学好其他人文学科起着积极的辅助作用。新教材三大板块的设计，其意义是深远的，并包含了多方面的内容：①打破了中华人民共和国成立以来多套历史教材单一形式、单一教育内涵的编写样式，较为全面地展示了历史学科的风貌，有利于激发学生的求知欲和学习兴趣。②层次清晰，在义务教育基础上，根据青年学生心理的趋向成熟和情操培养的要求，发挥历史学科的教学功能，有利于其正确的人生观、世界观的形成和择业意向的确定。③从素质培养的角度看，对青年学生未来的成才起着潜移默化的作用，有利于他们形成改革开放意识和参与世界竞争的意识，而这正是新教材的编写意图。

2. 切合教学实际，优化教学结构

新教材着眼于学生素质的培养，在编写的形式上采取了多元化、多视角，课文由正文部分和阅读部分构成，地图、图画、表格和文献资料切入课文，图文并茂，习题设计难易并存，课型除必修课外，还增设了活动课、自学课等研究性学习课型，这既给学生提供了大量的学习信息，又给教师在教学中提供了方便。这种编写形式应该说是此前多种版本经验的积累和发展，既扩大了教学的信息量，又因为规定阅读部分仅供参考不做统一要求而不给学生增加负担。这就给了学生的学习以较大的空间，使其在不加负的情况下通过阅读加深对知识的理解，提高分析和认识的能力，有助于其思想修养、思维定向方面的素质培养。同时，习题设计一改以往单调、呆板的形式，题型多样，随教学内容、层次的不同而不同，但总的特点是注重学生学习能力的培养。对于教师而言，教材编写的多元化、多视角，使其备课时能更多地倾注于调动多种教学手段作用于学生，如将课中的材料设计一道题目切入正文组织讨论，既可活跃课堂气氛，又可在无形中起到引导学生发现问题、解决问题的作用；课后的练习，特别是"阅读与思考"，既可激发学生动手动脑的能力，培养其研究兴趣，又为导入新课做了铺垫。可见，教材编写者是在遵循教学规律的前提下着眼于学生素质的全面培养而精心设计的。从教学实际出发，优化教学结构，可以认为是这套新教科书的一大特点。

二、精选教学内容，定位于较高层次

高中阶段的青年学生，处在人生身心发育的重要阶段。历史学科作为人文社会科学的重要课程，无疑对他们产生了重大影响。义务教育的历史教学内容，给人一种浅显的印象，如果想要激发学生的学习兴趣，高中历史教学内容就要关注学生的心理发展。新教材在这一方面做了很好的尝试，取得了良好的效果。

1. 考虑课程安排，增删适度

依据大纲安排，高中历史课程必修课、选修课、X课限定选修课总共253课时，分述"中国近代现代史""世界近代现代史"和"中国古代史"，分五册安排五个学期教学。人类历史如此漫长，留下的史料浩如烟海，这就要求编写人员精选教学内容，在有限的篇幅内系统表述。新教材按章节体以全新的面目展现在大家面前，符合大纲精神及编写要求，切合教学实际而不拖泥带水。从编写的内容来看，选材简练，表述精当，紧紧扣住历史发展的主流。五册教材中，历史现象过程性叙述压缩恰当，既有来龙去脉，又无赘言废语，同时较之以前教材删去了一些不必要的人物事件。从基于较高层次的教学要求来看，为使表述较为完整又增加了一些内容，其中中国古代史增幅较大，如历代政治经济制度等。增删教学内容，考虑了时代的要求，考虑了人才素质培养的要求，这是必要的，也是恰当的。

2. 摒弃"左"的观点，述评科学

历史现象是客观的，历史发展的规律不以人的意志为转移。新教材以历史唯物主义的观点述评历史发展的脉络，摒弃了以往"左"的偏向，使之更为科学、可信，如"世界近代现代史"及"中国现代史"对社会主义运动的兴起和曲折发展内容的选定与表述方式，突破了以往的框架，回避了僵硬教材的桎

桎，既指出其与资本主义发展的关系，又明晰了其理论、实践的曲折发展进程，同时教材引用邓小平、江泽民等同志的谈话精神，帮助青年学生正视这一历史，认识历史发展的规律。从这一方面来看，新教材的历史味更足，确实体现了其认识社会和教育的功能；确实有助于学生进一步认识人类社会发展的规律，进一步了解国情，使学生更加热爱社会主义祖国。

3. 介绍史学动向，反映科研成果

教科书的选材，特别是学术性较强的课程，实际上反映的是学术界普遍认可并做出结论性的成果。但学术研究不是静止的。随着时代的前进和史学理论的发展，对历史现象的考证、阐释总有新的见解、新的成果。而教科书一经编写也总得保持相对的稳定性，以往教材面孔陈旧大概是过于强调稳定的缘故吧。新教材的编写反映了改革开放以来史学界的科研成果，较之以往版本更为科学，如中国近代史不提三次革命高潮，而以社会发展的基本特征划分为若干阶段，又如加大中华人民共和国史的分量，不回避中国共产党在社会主义建设中的曲折，再如世界历史增加"资本主义在欧洲的兴起"一章，调整各章节标题，延至20世纪90年代，等等。这些都反映了史学界的新科研成果。对于一些有争议的内容，教材采用注脚的方式也予以介绍提示，如对太平天国运动性质认识的不同观点、第二次世界大战的全面爆发时间的不同说法、"三个世界"概念的不同解释等，其目的在于昭示史学动态，培养学生分析问题的能力和探索研究的欲望。

三、实践"试验"教材，落实素质培养

新教材为学生素质的培养提供了良好而坚实的基础。近两年的教学实践，我们的认识是紧紧把握三个提高，具体为：①重视学科功能，提高学生的基础素质；②重视知行传授，提高学生的完整素质；③重视面向全体，提高学生的全面素质。围绕这三个提高，我们着力于以下几个方面的工作。

1. 不断学习，转变教学观念

面向21世纪的教育，改革教学的内容和方法，意义极为重大。新教材已在教学内容上迈出了一大步，从着眼于培养少数"尖子"到趋向于提高全体学生的水平。而提高整体教育教学的质量，则是教学方法的改革问题。其中师资是关键。近两年来，我们未间断过师资的继续再教育采取了多方面的措施，具体为：①积极参加区教研室组织的新教材培训；②教师外出学习，广纳经验；

③科内教师互学，畅谈体会和感受；④接受中小学教师信息技术的考核等。学习交流的内容，除学习新教材外，更为关注的是如何落实素质培养的教学方法。对于学历到位的教师们来讲，知识的更新和补充不会太困难，但习惯于升学教育的教学观念的转变却非易事。为此，在教学中，我们严格要求认真学习和深刻领会三个提高的深远意义，自觉地接受新的教学思想并运用于日常工作中。

2. 加强教研，推动素质教育

在新教材教学中，我们始终感觉到要推动学生素质的全面发展，首先，教师必须全面提高自身素质。为此，教学研究工作被我们视为先导行为，长抓不懈。根据学校教学安排，我们历史科组按照三个提高的要求，对新教材展开研讨，在达成共识的基础上，首先定位于兴趣和知识。其次，我们正在编写一套"在研究中学习，在学习中研究"的丛书。它通过"认知结构"帮助学生分清纲目层次，厘清内在联系，达到认知的双重目的；通过"重点难点剖析、误点研究"对学生难以把握的疑难问题、重要概念等用简要的文字进行点拨，帮助学生加深理解；通过"反馈检测、高考追踪"帮助学生准确认识自己"学得怎么样"，并培养学生动手动脑的能力，提高其学习水平。"在研究中学习，在学习中研究"的编写，有利于参编骨干教师教学水平的提高和发展，有利于帮助各校推动素质教育的深化，同时也加大了我们历史科组的教研力度和教研风气，提高了我们的教研水平。最后，我们历史科组对新教材展开了课题研究，探索了"历史问题教学"这一研究课题，并出版了《历史问题教学研究》专著，初步展示了我们在推广素质教育过程中所取得的成果。

3. 开阔视野，学生走上前台

新教材的可读性，"中国文化史""世界文化史"的任意选修，对学生具有强烈的吸引力。实践中，我们很注意学生的主动参与意识，发挥他们在素质教育中的主体作用。为此，我们开设了《把研究性学习引进高中历史课堂尝试》的研究性课程、《走进历史伟人的内心世界》的第二课堂、《你怎样评价辛亥革命》等辩论型课程。从这一角度来看，新教材所赋予的物质条件是不可低估的。同时也反映出当今的学生群对素质教育的热情是高涨的。

四、教改任重而道远，素质教育仍需努力

高中历史新教材经过近两年的实践检验，我们得出的结论是它对学生素质

的全面发展产生了积极向上的影响。但是在教学中，要跟上它的步伐和力度，仍需继续努力。

1. 对教材中"阅读与思考"的指导，要求教师提高自身业务素质

新教材较之以前版本增设了较多的"阅读与思考"篇幅，其目的是培养和训练学生历史思维的能力。但是，如果教师自身业务水平滞后的话，可能会影响学生的积极性。为解决这一问题，人教社历史室虽组织编写了相应的《教师教学用书》，但在使用中，发现有些是不尽如人意的。

2. 世界近代现代史阶段基本线索的编写，要求教师有较强的阶段特征综合概括和相互关联的述评能力

因为世界历史的时空编写跳跃性大，又受篇幅的限制，为帮助学生对章节线索的把握，编写者设计出了每章后的基本线索图示，这些线索图示实际上是每章的基本知识要点，所起的作用是帮助学生予以识记。我们注意到，教材的章节实际上编写的是世界历史的一个阶段。其阶段特征是什么？主要历史事件之间有什么联系？对历史发展的共同作用、共同影响是什么？图示未能起点拨作用。这些问题无形中对教师提出了新要求。

3. 中国近代现代史教材体系完整、内容全面，目标定位较高

中国近代现代史教材体系完整、内容全面，目标定位较高，这是好事，也是无可厚非的。但目前广东省的情况是高中生每周只有2课时，显然，如此短的时间要完成这么多内容，对学生来说有点揠苗助长。这就要求教师不仅要掌握丰富的历史知识、扎实的理论功底，而且要有较高的驾驭教材和驾驭学生的能力，无疑这是对中学历史教师的挑战。

4. 中国古代史教材体例的新摆布，要求教师要有较强的驾驭能力

中国古代史的编写采取朝代兴衰、典制介绍、经济状况、民族关系和对外交往、文化发展分述的方式，其中典制介绍是新增的。这种体例好就好在全面、系统，也可从纵向成体。但在教学实践中，如果教师未能在课前熟悉结构，就很难将这一节内容表述全面，而要在介绍朝代兴衰中再概括某些典制的作用，就有重复之嫌。因此，要妥善处理好这些问题，教师必须在全面掌握阶段或相关知识结构的前提下注意分寸，这就对教师的教学水平提出了较高的要求。

综上所述，我们充分肯定高中历史新教材的成果，也充分认识到新教材对培养21世纪人才的要求。新教材体现了时代精神，引导着教育教学改革的方向。

关于(岳麓版)普通高中新课程《历史必修Ⅰ·政治文明历程》存在的问题的浅见

高中历史新课程改革是我国正在进行的第八次基础教育课程改革中的重要课程之一。自2005年秋季开始在广东、海南、宁夏、山东组织实验以来,中学历史教师是少人欢喜多人愁。喜的是课改确实给了我们教师大显身手的机遇和挑战;愁的是广大教师面对新课程时,一头雾水,不知如何适从。总之,教师心态百出。那么,为什么教师心态百出?而且愁多喜少呢?当然,教师本身有原因,但新课程也存在许多问题,可说是瑕瑜互见。本文旨在就新课程存在的问题谈点个人的看法,以向同人、专家求教。

一、历史事件或历史现象的编写过于简化

历史概念或历史结论的提出微言大义,这就造成只见骨头,不见血肉。即教材没有对有关历史事件和历史现象发生的前因后果或来龙去脉做出必要的概括性说明,没有对历史概念、历史结论做出明确的解释。表面上看,书越编越薄,知识越写越精练,看似起到了减轻学生的负担作用,但实际上不仅没有减负,反而加深了学生学、老师教的难度,让师生感到困惑。主要原因有多个方面:一方面,我们面对的是刚刚从初中升上来的稚气未脱的高中生,而且基础水平参差不齐,甚至不少学生在初中根本就没有学过历史,历史知识的储备相当匮乏。所以,缺乏因果联系的历史事件或历史现象就很难让学生理解、把握该事件或现象发生的根源和本质。同时,微言大义的历史概念和历史结论晦涩难懂,要让学生理解,这就成了无源之水,似乎天外来物。所以也就很难提高

学生学习历史的兴趣和做到理性思维。另一方面，不少学校图书资料不齐全，硬件设施还不够完善，虽有教参，但作用非常有限。所以，教师要花大量时间和精力收集材料、补充内容，这是十分困难的。诚然，在一定程度上可以提高教师的教学水平，拓展学生的视野，但是如此广博的内容要在每周2课时总计不到40课时的时间内完成教学任务，显然是不切实际的，也是不可能的。如第12课"鸦片战争"，教材中只有"虎门销烟"这一目阐述了战争爆发的原因，常人都可看出："虎门销烟"是战争爆发的导火线或直接原因，至于战争爆发是必然还是偶然？教材没做任何说明；第19课"俄国十月社会主义革命"，为什么革命首先爆发在落后的俄国？教材只是就"革命前的沙皇俄国"做了非常简单的叙述；第1课"从方国联盟到天下共主"，何谓方国联盟？教材的回答是模糊的；第8课"渐进的制度创新"第二目"责任内阁制的形成"，教材仅仅是概述了过程，什么是责任内阁制？学生学完以后仍是一知半解；第16课"五四爱国运动"，第三目"五四精神"说五四运动也是一场广泛传播民主和科学的新文化运动，体现了鲜明的民主和科学精神。但通篇课文都找不到民主和科学的有关史实。这些问题给师生的教与学所造成的困惑是不言而喻的。

二、课程内容缺乏紧密联系

专题为单元的课程结构，时空跨度太大，知识容量过多，目与目之间缺乏紧密联系，造成课程内容较散，有些支离破碎。

新课程包括六大学习模块，每个模块都是一个庞大的专题，而庞大的专题中又含有若干子专题。我们正在学习的《历史必修Ⅰ·政治文明历程》就涵盖了世界政治文明的发展演变，其中包括7个单元33课，古今中外，相互交错。由于是以专题为单元的课程结构，注重历史发展过程，所以每课内容时空跨度小则几十年，中则几百年，多则几千年。如此悠久的历史，课程内容自然广博深厚，但是根据中学历史教学课时有限的实际，新课程标准就与中学课程编排的实际情况相矛盾。这样，教材就不能不对历史知识进行压缩，即把历史发展过程中的重要政治制度、政治事件、政治人物概括性地突出来作为子目标题。虽然许多标题很鲜活，体现了新课改的理念，但是造成一课中目与目之间缺乏紧密联系，就让学生学习时产生困惑，感觉课程内容较散，历史知识支离破碎。显然，这不利于学生把握教材，不利于学生全面、正确、客观地认识政治制度、政治事件的发展演变和本质意义，不利于学生对政治人物进行客观公正的评价，自然也给教师的教学带来了一定的困难，如第3课"中央集权与地方分权的斗争"讲述了从汉到宋的政治史，第一目是"七国之乱与汉武帝的集权措施"，第二目是"藩镇割据与五代十国的分裂局面"，很明显，两个事件发生的时代、空间、结果和影响相差甚远；第5课"爱琴文明与古希腊城邦制度"，两个子目"克里特文明与迈锡尼文明""古希腊城邦"，反映的是两个不同时代的文明，但克里特和迈锡尼也是城市，可为什么不能称为城邦文明？第7课"古罗马的制度与法律"，课中三个子目"从共和国到帝国""十二块铜牌上的法律""查士丁尼法典"分别介绍了罗马政治体制的发展演变和两部法律文件的具体内容，但至于法典与罗马政治体制的联系，课文没有做出任何分析和说明。这样的现象还有很多，所以不仅是学生感觉难学，老师也是深感难教。

三、设置问题过深

设置的探究问题、探究课过深、过难、过多，学生无法完成，有点不符合高中教育教学实际。

新课程体现探究性，反映了新时期课改的基本要求、基本理念，目的重在培养学生的探究意识和了解或掌握探究历史问题的方法，其积极作用不可否认。但是须知高一学生除学习历史外，还有语文、数学、英语、物理、化学、政治、地理、信息技术、音乐、美术、体育等总计12门学科的学习任务。显然，现在高一学生的学习任务相当繁重，学习压力也非常大。所以，面对目前全国高中学生的现状，尤其历史学科在学生眼中又不十分重要的情况下，历史新课程设置太多、太深、太难的探究问题和探究课，对于高一学生来说，这个要求实在太高、太难，即便是老师也无法完成，更何况是学生呢？虽然新课程标准强调不求结果，只重过程与方法，但是分配到历史学科的学习时间又有多少呢？每周2课时的法定时间，也仅勉强能完成教学任务，课外时间12门学科去分，能分多少可想而知。而岳麓版新课程《历史必修Ⅰ·政治文明历程》光综合探究课就有6课，历史探究问题几乎每课课后都有，不仅数量相当多，而且难度也超出了学生的实际，如第8课"思考古代政治制度的异同"，第17课"探索中国近代政体变化的艰难历程"，第20课"探讨巴黎公社和法国大革命的关系"，第28课"围绕'海选'产生的调查与评论"等无不让师生感到沉甸甸的压力。

四、子题目设置不严谨

书中有些子目标题的设置不严谨，使学生在对教材内容的理解和把握上产生困惑。

如第12课"民族国家的统一之路"之"没有共和主义者的共和国"一目，其实讲的是魏玛共和国披着共和外衣行专制主义之实，但接着就讲述了法西斯专制的建立，那么，法西斯专制是不是也是披着共和的外衣呢？第14课"从中日甲午战争到八国联军侵华"之"八国联军侵华与中国人民的反抗斗争"一目，概述了中国人民的反抗斗争主要是义和团运动引发了八国联军侵华，最后签订了《辛丑条约》。显然，内容概述与标题设置在两个历史事件发生的先后顺序上不符。第18课"马克思主义的诞生"第一目"探寻公正的理想国"，叙述了空想社会主义者对理想国的探寻及最后的破裂，其实本目是要阐明马克思主义诞生的思想背景，但马克思、恩格斯对科学共产主义的探索是否也属于"探寻公正的理想国"内容呢？第20课"新民主主义革命与中国共产党"最后一目"土地革命"，是党和人民政府为巩固新政权所采取的措施，但是这一目和前面内容不太连贯，相反，如编在第24课"巩固新生政权"中则更容易让学生理解和把握。第22课"社会主义政治建设的曲折发展"之"基层民主选举"一目，应该说也属于"新时期的民主法制建设"中的主要内容，另立标题，显然是不便于学生学习、理解和正确认识的。总之，很多这样的问题确实让我们在教与学中感到困惑。

课改背景下普通高中历史新课程课堂
教学中几个常见问题的反思

新一轮课程改革在实验区实践已经快二载春秋了，在这近两年的时间里，很多活跃在课改一线的老师都是全力以赴，为了能贯彻新课标的精神，体现新课改的要求，广大教师以此为契机，不断解放思想，更新观念，以实际行动来改革教学实践。但我发现有些教师对课改精神的理解、对新课程标准的领会有失偏颇，由此给课堂教学带来了一些负面影响。在此试做分析，以期引起大家的关注。

一、学生为主体，教师就不该"讲"了吗

自新课程实施以来，为探究新的课堂教学模式，许多学校经常组织各种课改观摩活动，如观摩课、调研课、示范课、评比课。虽然从中我们能感受到老师们的那份课改精神和热情，让我们看到课改的希望，增强课改的信心，但也让我经常纳闷，即发现不少历史教师在教学中很少自己讲，似乎还有点怕讲。课堂上这些老师总是想尽办法让学生讲，甚至让学生自己组织整套教学活动。究其原因，堂而皇之曰：这是新课程标准的要求，一种新的教学理念。要想突出学生的主体作用，教师就必须做到"少讲"，甚至"不讲"。乍听起来，似乎很有道理，但实际效果怎样？我实在不敢恭维。因为这种课给我的感觉就是虽然课堂气氛活跃，热热闹闹，学生主体性也确实体现了，但是学生的"自讲"浅显、表面化，论证不够严谨、科学，甚至错误百出；学生的"自读"也是泛泛读的多，精读细读的少，再加上学生自身历史素养的缺失，新课程教材的专题性特征，所以，学生"自悟"往往达不到理想的效果；学生的"自创教

学设计"或参与备课，加重了学生的负担，使不少学生常常顾此失彼。

课程标准明确指出：在高中历史新课程的教学中，教师应以平等的身份参与教学，是学生学习的合作者，通过师生双边和谐的互动，引领学生进入广阔的历史学习天地。显然，新课程强调教师的指导、启迪作用。既然强调教师的"导"和"启"，那就不可能排斥老师讲，问题是怎样讲，怎样利用历史课程资源朝着促使学生举一反三这个目标精要地讲，朝着有利于培养学生学习的主动性、创造性地讲。

当前，课堂教学仍然是我国最基本的教学组织形式，作为教师，我们要学会穿旧鞋走新路，既不能"满堂灌"，又不能谈"讲"色变，不能从一个极端走向另一个极端，要从教育规律和学生的身心发展出发，好好研究"讲"，正确把握"讲"的作用。学生各抒己见，老师加上精当的点评，就能把学生的思维引向深入；学生自主探究，加上老师的启发引导，就有利于学生创新意识和实践能力的培养；学生自读感悟，老师加上精妙的点拨，学生便能感悟得更深。课堂上的"兵教兵"运用得当，固然有效，但教师大都还是能见学生所未见，思学生所未思，教师要履行好"平等中的首席"这一职能，恰当而精要的"讲"还是少不了的。

二、这样的合作自主学习有用吗

近两年来，听了很多堂公开教学课，我的印象是不少教师总喜欢把学生组织起来，分成若干小组进行合作自主学习，教师不再是高高在上地站在讲台上，而是走入学生群体中，师生之间的距离接近了，学生也的确"动"了起来。但稍做注意，我们就会发现有些合作自主学习存在的问题很多，合作自主学习的有效性很低，如有的把合作自主学习作为一种形式，一种点缀，对于某些问题只用两三分钟的时间，学生还没有真正进入学习状态，就草草收场；有的看似全员参与，实际上是好学生一统"天下"，学困生"袖手旁观"；有的学生不会倾听、不会合作，课堂几乎处于失控状态；有的课堂气氛似乎很活跃，其实思维含金量很低，一个小问题，结果争了半天；有的重视对合作过程的评价，忽视如何提高合作有效性的指导；有的满堂课都是学生的合作自主学习，缺乏教师高屋建瓴的深层次的点拨和分析；等等。

新课程规定合作学习，是指在学习过程中充分调动学习中各种动态因素

间的合作关系，实现学生之间、师生之间的互动合作，从而构成一个全方位的
学习运行体系。自主学习是指学习者个体自觉参与确定学习目标、制订学习计
划、选择学习方式、监控学习过程、评价学习结果的过程，它强调学生个体在
学习中的主动性。无疑这是一种极佳的教学方式，它能使学生互相启发、互相
帮助，使不同智力水平、思维方式、认知风格的学生实现"互补"，达到共同
提高的目的。为此，教师在实施合作自主学习的教学模式时，首先，要让学生
明确合作自主学习的规则；其次，要精心选择合作自主学习的内容；最后，要加
强对合作自主学习的指导，教师既要放得开，又要及时给予学生点拨和指导。

三、如此问题教学有效吗

前不久，我在某中学听了一节《历史必修Ⅰ·政治文明历程》中"渐进的
制度创新"的公开教学课。老师在学生阅读完课文5分钟后提问："同学们，你
们看懂了教材吗？""通过阅读，你们体会到了什么？""你感到最大的问题
是什么？"一时学生思维活跃，情绪激动，争先恐后，各抒己见，充分体现了
问题教学是一种充满个性化的富有思辨性的教学方式，学生从不同角度畅所欲
言，整个课堂非常热闹。

虽然这堂课让听课老师耳目一新，可我一直很困惑：这是历史课吗？看似
学生被调动起来了，学生的思维也被激活了。但仔细思量，这堂课至少存在这
样几个问题：①所提问题游离了历史教学，切不中重点、难点。②新课标所要
求的"知识与能力""过程与方法""情感态度与价值观"三维目标不能落实
到位。③不利于学生的应试解题能力，尤其是历史思维能力的提高。④学生所
思所见比较肤浅，教师又没有充足的时间指导，所以教学效果不甚理想。

历史问题教学是一个师生双边的和谐互动过程。在这一互动过程中，既
有老师的问与教，又有学生的疑和学，师生双方的主观思维共同作用于教材，
师生之间的思想互相交流，产生碰撞，撞出火花。教师的问题激发了学生的思
维，学生的疑问也启发了教师的认识。所以，进行历史问题教学，首先，要
扣住教材，突出重点，把握难点，联系热点。其次，提出的历史问题要有层
次，环环相扣，从易到难。再次，要讲究问题的启发性、趣味性、挑战性。最
后，计划要周全，既要保证学生对问题思考的时间，还要突出教师高屋建瓴的
点拨。

四、每课进行探究性学习可行吗

当下，很多教师总喜欢在课堂上带领学生进行问题探究，把探究性学习作为一种时尚的教学行为来追逐，不仅课课有探究，而且有时一节课中探究好几个问题。无疑，探究性学习有利于调动学生学习的主动性和积极性，有利于激发学生发现问题、解决问题的欲望，有利于学生学习能力和实践能力的提高，有利于培养学生的自主意识和合作精神，从而真正实现学生的全面发展。但是，每课进行探究性学习必要吗？可行吗？

有次听一位老师讲《历史必修Ⅱ·经济成长历程》中"区域经济和重心的南移"的公开课，该老师在经过一番叙述后，马上抛出三个探究问题：①中国古代四大经济区分别是怎样形成的？反映了我国古代经济发展的什么特色？②导致中国古代人口大迁移的主要因素是什么？人口大迁移对中国社会发展产生了怎样的影响？③中国古代经济重心是怎样南移的？经济重心的南移说明了什么？显然，这三个问题很专业，虽有一点难度，但依据了教材，把握了基础，扣住了重点，突出了难点，符合新课标的精神和要求。然而，教学结果让听课老师大感意外，三个问题居然没有一个学生回答得自然、流畅，最后全是老师自问自答，师生间的"互究"成了教师的"独究"，这节课的效果怎样也就可想而知了。更让我们吃惊的是，该老师竟自豪地说："每节课，我都是这样。"一番话再次让我想起课改专家的提醒："课改别穿新鞋走老路。"

探究性学习是指通过让学生自觉参与学习过程的各个环节，充分发挥其探寻未知事物的主动性，激发学生发现问题、解决问题的欲望，从而真正实现学生的发展。探究性学习作为一种新的教学理念，我们务必接受，但在实践中，必须走出探究性学习的认识误区，正确运用探究性学习策略。即探究前一定要为学生创设探究问题情境，选择适当的辅助材料，给予一定时间让学生阅读教材，把握学习进度，克服随意性，注重典型性，适时切入。同时，探究性学习不应停留在简单的变式和肤浅的问答形式上，使学生觉得"老套"。内容应当立足于教材，高于教材，跳出教材，问题设计要符合基础性、层次性、开放性，必要时可在课前告知学生，让学生在预习时做好一定的准备。如此，探究性学习才能达到预期的效果。

参考文献

［1］中华人民共和国教育部.普通高中历史课程标准（实验）［S］.北京：人民教育出版社，2003.

［2］蒋俊英.浅议高中历史主题教学的误区及实施策略［J］.新课程（中旬），2014（3）：3.

第
五
章

开设主题教学，价值观育人

所谓"主题教学"，就是把教材中所表达的中心思想或主要内容切入教材，以此链接相关的历史知识重新整合，构建一个新的历史知识专题，从而帮助学生更好地理解、认知历史和提高学生思维能力、深化情感态度与价值观的一种教学方式。主题的选定可从课文的内容、知识的逻辑关系、时政热点、学术研究成果等方面来确立。选定主题时，既要立足教材，准确把握历史事件间内在的逻辑关系；又要联系现实，深刻理解知识中蕴含的时代价值；还要关注学术，密切跟踪历史研究中出现的史学观点。可以说，主题是教师构思课堂教学设计的基础，是教学目标最主要的体现，是贯穿"教师的教"与"学生的学"完美结合的关键点，是有效培养学生历史学科核心素养的重要路径。所以，历史教学主题的确定是对中学历史教师的挑战。

历经艰难的改革之路

——岳麓版"经济体制改革"一课教学设计（设计理念）

围绕"改革"这一核心价值观，课程设计突出三个关键词"逼""摸""深"，即以"逼出来的改革""摸索出的改革路""改革将向何处去"的教学思路，建构主题鲜明的课堂教学结构，力求教学贴近学生、贴近生活。在尊重学生主体地位的基础上，打破教材局限，从感性入手，引导学生形成理性认识，从而升华教学目的，培养学生的改革精神、历史责任感、热爱祖国的情操和坚定社会主义的信念。

一、教学目标

中国的改革是自上而下发动的。改革直接根源于党和国家领导实现现代化的强烈愿望，而这种愿望又主要来自内部长期未能摆脱贫困和外部日益扩大的发展差距。教师要通过情境创设或情境再现，引导学生分析农村经济体制改革和国有企业改革的原因及改革对国民经济的影响，让学生学会论从史出的历史学习方法。发挥小组合作探究的作用，充分运用所掌握的有限材料，精心组织学生展开讨论、交流和分析，培养学生的团队精神、合作意识，让学生于讨论中感悟到改革的艰难、曲折、复杂以及改革者的智慧和社会的责任、历史使命。运用直观的图片、文字资料和发生在身边的史实，深入浅出地向学生介绍相关经济体制改革后的中国巨变（取得的成就与存在的问题），培养学生爱国、奉献、开拓创新的精神以及任重而道远的历史责任感和使命感。

二、教学流程

展示一张1978年顺德粮食局粮油供应证的图片（略），以身边的故事引出问题，情景导入。

设问一：同学们知道这是什么吗？这是哪个时代的产物？现在还有吗？为什么？望着这张蜡黄的而且边缘残破、有火烧痕迹的、很有历史沧桑感的本地粮油供应证，同学们的思绪顿时被打开，思维的火花立即被点燃，产生一种强烈的求知欲。学生很快就认识到这是计划经济时代的产物，随着经济体制改革的进行和商品经济的发展，此物早已退出历史舞台，由此导入新课——经济体制改革。

那么，什么是经济体制改革？再次深入问题——破题。

破题的目的在于让学生感受到重点在哪里，明白本课所讲的主要内容是什么。经济体制改革既是一个概念问题，也是一个理论问题。在学生思考、讨论、分析、回答的基础上，师生共同总结：经济体制改革是"在坚持社会主义制度的前提下，改革生产关系中不适应生产力发展的一系列环节（内容），解放和发展生产力（目的）"。掌握概念是学习历史知识的基础环节，也是探讨学习内容的开端。在这里，教师有必要引导学生以生产力与生产关系的辩证关系来审视经济体制改革这一概念，从而提升历史学习的价值。

（1）穷则思变：逼出来的改革

情景预设：精选四组镜头，从长安街头的画面开始，到城市国有企业生产的状况，再到小岗村村民们偷偷包产到户，最后呈现党的十一届三中全会召开并做出改革开放的伟大决策，启发引导学生思考1978年中国为什么要改革。

设计意图：像历史剧的开幕，把学生的视角和思维引向不同的角度，全面了解1978年的中国社会，深入思考改革的原因。

镜头一：1978年冬天，外国记者镜头中的长安街头（图片）及30年前的《小学生守则》。

在街上看到外国友人，不围观，不干扰，不尾随，热情大方，不卑不亢。

——30年前的《小学生守则》

设问一：1978年冬天，各色人等围观身穿黑色毛料大衣、脖子上随意搭条围巾、双手插在衣兜里、走在长安街上的法国服装设计大师皮尔·卡丹，以及《中学生守则》的相关规定说明了什么？由景入情，这是我国长期以来的社会封闭所导致的结果。

镜头二：把改革前国有企业的生产状况及企业效率与美国的比较。

材料一：1956年，上海天气很热，企业为了不影响生产，采取购买风扇、鼓风机降温的措施，但是即使采取这样的措施企业也没有自主权，要经过层层批报，当时要经过11个部门审批，盖11个章。等最后的章盖完了，夏天已经过去了。

材料二：1980年，沈阳有两个厂，一个是铜厂，一个是电缆厂，两厂仅相隔一墙，电缆厂归机械部门管，铜厂归冶金部门管。冶金部把铜调到外地去，而电缆厂要从云南等地调进铜，这样就造成了运输和时间上的浪费。

材料三：1978年，我国每个职工平均创造的价值只有0.9万元人民币，而美国为6.5万美元。

设问二：这些材料又说明了什么问题？据史可得，这是政企不分，经营权、管理权过于集中，统得过死的结果，城市经济体制存在严重弊端。

镜头三：1978年12月，安徽小岗村，一群饥饿的农民聚在生产队副队长严宏昌家——风雨飘摇的茅草屋里，偷偷地决定不再像以前那样生活了。他们的决定不仅改变了自己的生活，而且影响了中国历史的进程。

时间：1978年12月。

地点：严立华家。

我们分田到户，每户户主签字盖章，每户保证完成每户全年上交和公粮。不在（再）向国家伸手要钱要粮。如不成，我们干部作（坐）牢杀头也干（甘）心，大家也保证把我们的小孩养活到18岁。

设问三：为什么"分田到户"会"坐牢杀头"？为什么"坐牢杀头"也要"分田到户"？

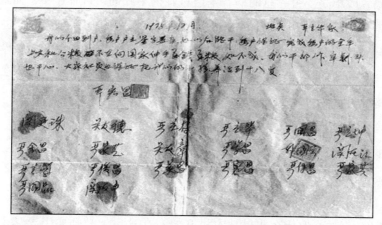

图1　"分田到户"户主签字图示

在学生思考的过程中呈现以下两则材料。

"不许分田单干。不许包产到户"。

——1978年党的十一届三中全会

由于分配上搞平均主义、吃大锅饭，影响了人们生产积极性的发挥，粮食产量极低，小岗村最好的年景每人每天9两粮食，收入0.11元；最差的一年每人每天2.8两粮食，收入0.04元。小岗村当时共有20户人家，115人，除1户外，其他户每年都要外出讨饭。

——赵海均《30年1978—2007年中国大陆改革的个人观察》

由情入理，不改革只能坐以待毙，因此宁愿"坐牢杀头"，也要走出一条新路。一群卑微的农民，以大无畏精神推动了中国农村改革的起步。此事发生于党的十一届三中全会召开前，群众的首创精神成为推进改革的重要动力。

镜头四：1978年12月，党的十一届三中全会在北京召开，揭开了改革的序幕。

设问四：这次会议的核心内容是什么？有何意义？中央为什么要改革？有具体的改革方案吗？

教师煽情，小岗村的农民冒死改革反映的是底层群众的改革呼声，1978年处在决策层的中央也开始了改革的探索，发出了改革的最强音。中国需要改革，改革势在必行。其深刻的根源就在于高度集中的计划经济体制严重阻碍了生产力的发展，人民的物质生活水平极其低下，与发达国家的差距不断拉大。

归根结底，改革是"穷"惹的祸，不但百姓揭不开锅，饥荒连年，而且整个国家在旧体制的束缚下，已是山穷水尽，无路可走。穷则思变啊！

设计意图：煽情的目的旨在实施情感教学，即用真情实感感召学生、激励学生，从而推动学生积极主动地思维，使情与知相互融合。既然改革势在必行，那路在何方呢？这就必然引发学生进一步思考，为下文做好铺垫。

（2）路在何方：摸索出的改革路

党的十一届三中全会召开揭开了中国经济体制改革的序幕。那么，中国需要怎样的改革呢？

①农村率先改革——找到突破口，解放农民。

设问五：改革为什么非得从农村开始？在这里，教师要引导学生从中国国情出发来理解这个问题。中国是农业大国，在当时，农民占总人口的80%以上，农村问题异常严重（温饱问题是个大问题）；农业是基础，农村稳定影响全局；农村是计划经济体制的"薄弱环节"；等等。显然，只有先解放了农民，才能解决当时全国最紧缺的粮食问题。俗话说得好，民以食为天。既然如此，那农村改革又是如何进行的呢？

第一步，实行家庭联产承包责任制。针对这个问题，教师让学生回归教材，以小组为单位，运用课程资源探究如下问题。

什么是家庭联产承包责任制？与人民公社体制相比，家庭联产承包责任制改变了什么？没变什么？实质是什么？起到了什么作用？

带着探究问题，翻看教材和所给的资料，学生展开了激烈的讨论，并就问题分别进行了整理、归纳、陈述。七嘴八舌地各抒己见，教师最后画龙点睛，自然生成如下统一认识。

家庭联产责任制是指农户以家庭为单位向集体承包土地等生产资料和生产任务的农业生产责任制形式。其基本特点是自主经营、自负盈亏、包干到户或包产到户，留足国家或集体的，剩下的都是自己的。它改变了土地的使用权、经营方式和分配方式，但并未改变土地所有制。说到底，家庭联产承包责任制实行的是土地经营方式和产品分配方式的变革。其实质是在保证土地公有制的基础上，改革农村生产关系中不适应生产力发展的环节，根本目的是解放和发展生产力。因此，这就大大提高了农民的生产积极性，推动了农业发展，为城市经济体制改革创造了条件。

但是，随着改革的发展，农民的温饱问题得到了解决，但也出现大量劳动力剩余的问题，怎么办？移民？农转非？显然，在当时的情况下，这些都不可能，那就只有就地解决，离土不离乡，发展乡镇企业和非农产业。

第二步，调整产业结构，大力发展乡镇企业和非农产业。

设问六：农村产业结构为什么要调整？怎样调整？产生了什么作用？对于这些问题，教师只要引导学生联系上下文的讲解，答案也就自然出来了。

调整农村产业结构，这是家庭联产承包责任制实行后，农村出现大量剩余劳动力的结果。为了适应中国现代化发展的需要，在当时农民进城务工还不可能的情况下，农民只有离土不离乡，进厂不进城，大力发展乡镇企业和非农产业。如此，就可安置数以万计的农村剩余劳动力，稳定农村秩序，提高农民的生活水平，推动农村经济的全面发展和农业现代化建设。为了让学生更直观地感受农村调整产业结构所带来的可喜成果，展示两幅图（图略，其中一幅是家乡的发展图）。

②农村包围城市——国有企业改革，解放企业。

国有企业改革的背景已在上文镜头二和材料一、二、三中做了分析，在此不必重复。那么，它是怎样改的？改了什么？有何影响？再次补充材料，同时引导学生回归教材。

设问七：国企改革是怎样改的？改了什么？产生了什么影响？

材料一：我国的国有企业如果从1978年10月国务院批准重庆钢铁公司等6户地方国营工业企业率先进行"扩大企业自主权"试点算起，如今已经走过了28个年头。28年来，我国的国有企业改革大体经历了两大时期：一是从1978年至1992年，共14年，针对与高度集中的计划经济相适应的国有企业制度，重点是放权、让利，扩大企业自主权，转换企业经营机制，增强企业的活力；二是从1992年至现在，也就是后14年，围绕建立和完善社会主义市场经济体制的我国改革的总体目标，重点推进我国国有企业建立现代企业制度，注重把国有企业的改革同改组、改制和加强管理结合起来，在深化国有企业改革中推进国有经济布局和结构调整，增强国有经济控制力，发挥主导作用。

——章迪诚《中国国有企业改革编年史（1978—2005）》

材料二：截至1999年底，全国2767家企业集团资产总额达86218.33亿元，同比增长15.39%。资产主要集中在工业企业集团，资产估计为57647.29亿元，占全部国有及非国有工业企业资产总额的51.3%。

——岳麓版《历史必修Ⅱ·经济成长历程》

通过分析材料、熟读教材、理解前后文，问题也就迎刃而解。之所以要国企改革，一是企业没有自主权，不能发挥创造性、积极性。二是行政指令管理经济，造成官僚主义和大量资源浪费。说到底，这种高度集中的经济管理体制严重束缚了企业的发展。随着农村改革的推动，国企改革也就刻不容缓。

第一步，局部试点，实行厂长负责制，扩大企业自主权。

第二步，全面展开，推行有计划的商品经济，增强企业活力。

第三步，确立市场经济体制，建立现代企业制度。如此，国企改革就实现了所有权与经营权的分离，建立起比较完善的股份制经营模式，实现了企业作为独立法人在市场中的自主经营角色；生产的目的也由计划经济下的指令性需要转向为市场需要；产权制度方面，逐步建立起以股份制为主要形式的现代企业制度。

正是这些改变，企业增强了竞争实力，逐渐形成了一批有实力和活力的大企业集团，国有资产大幅度增加，国民经济稳定健康地发展。

设计意图：通过史料研读和阐释，提高学生阅读和通过多种途径获取历史信息的能力，学会论从史出、史论结合的历史学习方法，从而让历史活起来。

③确立社会主义市场经济体制——改革深入发展，解放国家。

情景描述：20世纪80年代末90年代初，改革遇到前所未有的困境，有人对改革提出了"姓资姓社"的问题，改革受挫；国际政治形势风云突变，东欧剧变，苏联解体，西方国家的和平演变甚嚣尘上，引发了从上到下对改革未来的质疑。改革是继续前进还是后退？继续以经济建设为中心，还是以保卫政权、防止和平演变为中心？这是亟须解决的问题，搞不好不仅改革前景堪忧，甚至前期改革的成就都将化为乌有。就在这历史的关键时刻，邓小平同志在一些改革开放的前沿地区走了一圈，并发表了著名的南方谈话。

计划经济不等于社会主义，资本主义也有计划；市场经济不等于资本主义，社会主义也有市场。计划和市场都是经济手段。社会主义的本质，是解放生产力，发展生产力，消灭剥削，消除两极分化，最终达到共同富裕。

——邓小平南方谈话

南方谈话进一步解放了思想，使建立社会主义市场经济成为全党的一个基本共识，建立社会主义市场经济成为改革的基本目标。因此，问题设置如下。

为什么要确立社会主义市场经济体制？这种经济有何特征？对中国社会发展有何影响？

显然，情景描述就为解决设置问题打开了方便之门。确立社会主义市场经济体制，这是总结我国社会主义建设和世界经济发展的实践经验而得出的科学结论，是改革开放实践发展的必然结果，是现代商品经济发展的迫切要求。社会主义市场经济有别于资本主义市场经济，坚持公有制为主体是其基本标志，实现共同富裕是其根本目标，实行宏观调控是国家的重要职能。所以，社会主义市场经济体制的确立解放了生产力，使中国经济与世界经济真正接轨，促进了经济发展和现代化进程。

师生对话：经济体制改革的过程首先从农村开始，经历了农村包围城市，从微观到宏观的发展过程，最后确立社会主义市场经济体制。这一切是不是在改革之初就谋划好的呢？一石激起学生的思维波浪。有学生站起来回答：不是，改革是试一步走一步，边试边改，没有经验可循，前面的改革推动了后面的改革，并不是在党的十一届三中全会上谋划好的。改革过程中甚至出现了不少问题，是在不断解决问题中逐渐进行的。讲得好，老师肯定了他的回答，学生很兴奋。确实前30年的改革实际上是实践—推广—再实践的过程。如果用改革者的话来讲，那就是"摸着石头过河"，摸索出了一条有中国特色的社会主义改革之路。30年改革带来了中国翻天覆地的变化，但是，改革有没有产生新的问题呢？

设计意图：设计师生对话环节，目的是想达到"共享式"对话情境教学效果。对教师，对话意味着上课不是简单的传授知识，而是一起分享理解的快乐。对学生，对话意味着放开心态，凸显主体性，彰显个性。

（3）任重道远：改革将向何处去

展示两则材料，运用直观的图片、文字资料和发生在身边的史实，让学生直接感受到经济体制改革所带来的巨大变化。

材料：

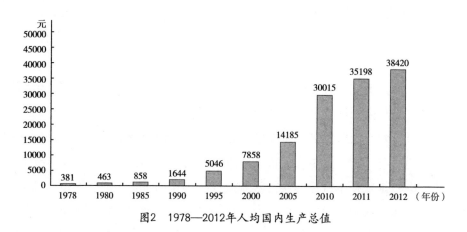

图2　1978—2012年人均国内生产总值

这时教室静悄悄的，学生似乎都陷入了沉思。看着材料，改革所带来的中国巨变便一目了然了。

①改变了中国（全方位的进步）——令人振奋。

经济腾飞、国际地位提高、社会生活巨变……（再用下列材料加深理解）

改革开放是党在新的时代条件下带领全国各族人民进行的新的伟大革命，是当代中国最鲜明的特色。党的十一届三中全会召开三十五年来，我们党以巨大的政治勇气，锐意推进经济体制、政治体制、文化体制、社会体制、生态文明体制和党的建设制度改革，不断扩大开放，决心之大、变革之深、影响之广前所未有，成就举世瞩目。

——《中共中央关于全面深化改革若干重大问题的决定》

②留下了问题——让人深思。

GDP至上，"含血量"过高，环境问题日益突出，"雾霾"阴云不散；发展不平衡，社会发展落后于经济发展，城乡发展不平衡，东西部发展不平衡；社会不公，特别是分配不公；教育、医疗、住房改革带来的问题；腐败带来的公信力下降。

……

③明确方向——改革将往这里来。

教师再次展示下列材料：

李克强指出，我国30多年来取得的巨大成就，靠的是改革开放，甜头已经尝到。在新的起点上要全面建成小康社会，加快转变经济发展方式，让群众过上更好的生活，依然要靠改革开放。这是我国发展的最大"红利"。但也要看到，当前改革进入了"攻坚区"和"深水区"，改革如逆水行舟，不进则退，不干可能不犯错，但要承担历史责任。必须迎难而上、攻坚克难，坚决破除一切妨碍科学发展的体制机制弊端。

李克强说，进一步推进经济体制改革，既要搞好顶层设计，又要尊重群众和基层的首创精神。

看完这段材料后，绝大多数学生心里已明朗。李克强在2012年11月21日主持召开的全国综合配套改革试点工作座谈会的重要讲话，无疑给了我们强烈的信号和坚定的决心。李克强的讲话凝结了治国的真谛，即刻拨动了国人的心弦。尽管当前改革进入了"攻坚区"和"深水区"，但我们还是要必须坚持改革的方向，只是不能老是摸着石头过河，而是需要顶层设计，不仅在理论和改革方向上要有更明确的指引，还要尊重基层的首创精神。我国国情复杂，一时看不准、吃不透的改革，可先选择一些地区和领域开展试点，以点带面，并有及时调整和纠错的机制，在探索中"排雷"，在探索中清除"荆棘"。

路曼曼其修远兮，吾将上下而求索！同学们，未来的改革，任重而道远，仍需要我们这代人的努力啊！

设计意图：运用图示、知名人士谈改革以及国家领导人冀望深化学生对我国改革路径价值的认知，升华学生对改革的积极性。

参考文献

[1] 杨继绳. 三十年河东：权力市场经济的困境 [M]. 武汉：武汉出版社，2010.

[2] 刘树成，吴太昌. 中国经济体制改革30年研究 [M]. 北京：经济管理出版社，2008.

儒学何时才成为官方哲学

——从"宋明理学"一课教学说开去

某教师公开课，讲"宋明理学"。授完新课内容后，该教师随即提出这样一个问题：概括归纳中国古代历史上儒学地位的变化。

带着问题，学生们七嘴八舌地议论开了，最后教师总结展示如下。

先秦时，儒学只是众多思想流派中的一家。西汉武帝时，儒学开始居于统治地位。明清两代，儒学成为官方哲学。

一、教师展示完毕，学生立即摘抄记录

就在这时，一个学生突然站起来，对教师的概述提出了质疑，认为教师的总结不准确，正确答案应该是：汉武帝时，儒学就成了官方哲学，开始居于统治地位，明清两代继承这一趋势，确定了儒学在思想界的统治地位。他的依据有两个，一是岳麓版教材必修Ⅲ第3课"汉代的思想大一统"中的叙述："从此，儒学成为各级学校必修的重要内容和朝廷选官的考查标准，从而确立了其在中国传统文化中的主流地位。"二是第4课"宋明理学"中写道："程朱理学适应统治阶级的需要，南宋以后逐渐发展成官方哲学。元朝曾将朱熹编著的《四书章句集注》作为科举考试内容。明初继承这一趋势，确定了理学在思想界的统治地位。"从文字上看，教材的表述似乎存在前后不一的嫌疑，也难怪学生会有这样的质疑，而且质疑得很有道理。一石激起千层浪，全班学生讨论热情霎时燃起。此时，我瞟了一眼执教老师，看到他并没有惊慌，反而露出了满意的微笑。

二、听罢学生的质疑，想着教师的概述，比较两课的阐释

一方面，我为学生的不唯师、不唯上、不唯书的创新探求精神而感动，从中也让听课教师们看到了新课改所带来的可喜变化。另一方面，我仍在思考，为什么该教师会这样概述？他的概括总结是否有道理？他是无心之语，还是有意设计，又或是另有目的？对于这一点，我来不及深究，倒是对"儒学何时才成为官方哲学"这个问题产生了深深的思考。因为这个问题长期以来不仅困扰着学生，也困扰着教师，其中主要原因是岳麓版教材对这个问题并没有讲清楚。第3课说汉代确立了儒学在中国传统文化中的"主流地位"，第4课又说程朱理学在"南宋以后"逐渐发展成"官方哲学"。虽然在科学上，这两个表述都没有问题，但在字面上却给学生和教师造成了理解上的障碍。儒学与程朱理学的区别何在？"主流地位"与"官方哲学"是怎样的关系？"南宋以后"这一非常宽泛甚至模糊的表述又该怎样理解？是南宋后期，还是南宋以后的元朝、明朝？由此，也就能够理解为什么会出现学生认为儒学成为官方哲学是汉武帝时期而该教师认为是明清时期的分歧了。带着疑问，我打开网络进行搜索，发现对此问题的看法还真是五花八门，莫衷一是。有人说是在汉武帝时，也有人说是在南宋或元朝，还有人说是在明清。究竟在何时，教师困惑，学生更困惑。

那么，儒学到底何时才成为官方哲学？网络上的观点哪一个才是可信的呢？本着求真务实的科学态度，怀着对学生的强烈责任意识，我认真翻阅了张仁忠著的《中国古代史》、张岂之主编的《中国历史》以及裔昭印主编的《世界文化史》等著作。一番整理，几经思考。我认为，要弄清这个问题，首先要厘清几个概念，即从概念的把握中准确理解教材的语言表述。第一，什么是儒学？儒学即儒家思想，由孔子创立，最初指的是司仪，后来逐步发展为以尊卑等级的"仁"为核心的思想体系，几经发展才成为中国传统文化的主流思想。第二，什么是理学？理学是指宋元明清时期的哲学思潮，又称道学。它产生于北宋，盛行于南宋、元明时代，清中期以后逐渐衰落。理学又有广义和狭义之分。广义理学，泛指既贯通宇宙自然（道）和人生命运（佛），又继承孔孟正宗（儒为根本）的新儒学。狭义理学，专指以程颢、程颐、朱熹为代表的、以理为最高范畴的学说，即程朱理学。可见，程朱理学虽仍以孔孟儒学为正宗，

但它吸收了佛、道等内容,将天理、仁政、人伦、人欲内在地统一起来,构建起理学的世界观。显然,宋元明清时期的儒学主流是理学,其称谓概念已经发生了变化,此儒并非先秦与汉代之儒(但学说根基与主干是一脉相承的)。为此,教材编写时应注重这些变化,力求精准、严密、严谨。第三,何谓"官方"?字典上的解释是指政府方面,实际上就是国家意志的体现,带有专用的、权威的意思。第四,何谓"哲学"?即关于世界观的学说,是理论化、系统化的世界观,是对自然知识、社会知识、思维知识的概括和总结。它和官方结合,可以解释为国家或政府对自然观、社会观有统一的认识或统一的价值标准。据此,判断一种思想是否是官方哲学,根本点要看它是不是代表了政府行为或国家意志,进一步说,就是这种思想是不是国家的治国指导思想。

三、必须厘清儒学的产生、发展脉络

即从儒学的发展演变来认识儒学地位的变化。春秋晚期,孔子创立以"仁""礼"为核心的儒学,强调统治者以德治民,反对苛政和任意刑杀,希望恢复西周的礼乐制度。战国时期,孟子主张"仁政",进一步提出"民贵君轻"的民本思想。荀子主张礼法并施,提出"君舟民水"的著名论断,强调人民群众的力量。经过孟子、荀子的改造和发展,儒学体系更加完整。战国后期,儒学已经发展为诸子百家中的蔚然大宗。但因他们设计的理想政治制度和治国原则脱离了当时诸侯称霸、群雄割据的社会现实,因而始终没能得到当权者的赏识和采用,自然也就没有成为官方哲学。

汉初,为恢复生产和安定人心,统治者采纳道家"无为而治"的思想,采取与民休息的政策。经过六十多年的休养生息,汉朝经济实力逐渐恢复和增强,但是诸侯国的势力日益膨胀,王国问题、边患危机严重。为了加强中央集权,开拓发展大一统事业,公元前134年,汉武帝下诏征求治国方略,儒生董仲舒迎合汉武帝的政治需要,在著名的《举贤良对策》中系统地提出了"天人感应""三纲五常""大一统"学说和"罢黜百家,独尊儒术"主张。这些思想和主张不仅强调、神化了皇权与等级名分制度,而且符合君主专制中央集权的政治需要,对于扭转内外松弛的局势十分有利。于是汉武帝接受了他的建议并付诸实践。公元前136年,汉武帝正式规定《诗》《书》《礼》《易》《春秋》为"五经",并设立专事研究和传播五经的教官,称为"博士"。公元前124

年，汉武帝根据董仲舒的建议，在中央兴办太学，规定太学生员为博士弟子，一律由儒家五经博士负责教授，考试合格即可担任官职。在郡县设立学校，儒学成为各级学校必修的重要内容，初步建立起从地方到中央的儒学教育体系。从此，儒家学说成为政府选拔人才、任官授爵的标准，儒家经典成为国家规定的教科书，儒学的独尊地位也就由此确立，儒学开始成为官方哲学。

魏晋南北朝至隋唐，传统儒学越来越脱离人们企图解释宇宙自然和人生命运并借以慰藉心灵的需要，变得越来越玄秘和烦琐。于是，人们纷纷抛弃儒学，转而投向佛教和道教。儒学也因此遭遇巨大的危机。佛教和道教的挑战，引起了许多儒学大师的警觉，于是他们发出复兴儒学的呐喊。而这场危机也给儒学的复兴提供了条件，那就是"三教合一"的潮流。这股潮流为儒学吸收佛教、道教思想以进行自我更新创造了可能。

北宋，儒家学者展开了复兴儒学、抨击佛道的活动，同时融合佛道思想来解释儒家义理，形成了以理为核心的新儒学体系——理学。其中，北宋程颢、程颐兄弟（并称"二程"）和南宋朱熹的成就最为突出。"二程"认为，天理是宇宙万物的本原，万物只有一个天理，主张先有理而后有物，这是理学的核心思想。"二程"把天理和伦理道德直接联系起来，认为人伦就是天理。朱熹是理学集大成者，他强调理之源在于天理，而天理就是作为道德规范的三纲五常，它是人性的最高境界。同时，他指出人性本来与天理一致，但被后天的欲望所蒙蔽，所以强调"存天理，灭人欲"。显然，程朱理学将人们追求美好生活的要求视为人欲，这就将封建纲常与宗教的禁欲主义结合起来，从而适应了封建社会从前期向后期发展的转变和封建专制主义进一步加强的需要。他们以儒学为宗，吸收佛、道，将天理、仁政、人伦、人欲内在地统一起来，使儒学走向政治哲学化，为封建等级特权的统治提供了更为精细的理论指导和世界观支持，有力地维护了封建专制统治。但奇怪的是，朱熹的学说在南宋时却被斥"伪学"，他本人也遭到了"莫须有"式的人身攻击（不仅朱熹如此，程学也在南宋绍兴年间被禁锢）。直到朱熹去世后九年（1209年），他才得以平反昭雪、恢复名誉。又过了十八年（1227年），宋理宗才发布诏书，追封朱熹为太师、信国公，并提倡学习《四书章句集注》。由此，朱熹理学才正式成为南宋的官方哲学。但此时离南宋的灭亡已不远了。元朝，科举考试皆自朱熹所定四书内出题，诠释亦以朱熹编著的《四书章句集注》为标准，理学作为官方哲学的地位进一步加强。明朝,明太祖朱元璋为重建封建秩序,以程朱理学来强化思想统治。明成祖更加尊崇程朱理学,特命翰林学士胡广等编纂《四书大全》《五经大全》《性理大全》,辑录宋元理学各家之说,颁行全国,并规定科举考试必须以四书五经为准,凡不符合程朱理学的思想即视为异端,加以排斥。官方的这种导向,使程朱理学在明初思想界占据了统治地位。直至1905年废除科举为止,文官考试皆不超出程朱理学范围。由此可见,宋元明清时期的几代统治者都把程朱理学作为正统思想,而程朱理学作为官方哲学最早可追溯到南宋末,明确确立其在思想界的统治地位则是在明朝初期。

四、小结

综上所述,"儒学何时才成为官方哲学"这一问题至此也就可以脱壳了。回到开头的问题。我认为,执教教师的结论是不够严谨的,但这一问题的提出不仅具有探究性,更具挑战性。因为这一问题从而发现了教材编写存在的一些瑕疵,这既是挑战权威,更是挑战自我;也因为这一问题从而激起学生求知的欲望以及有利于养成学生好学、乐学、勤于思考、敢于质疑的学习品质。一堂好课,不应拘泥于形式怎样,而在于能否引起师生的共鸣和激发学生的兴趣及求知的热情。回想学生质疑教师问题时执教教师的满意微笑,我似有点心领神会。但我还想说的是,我们应该多点反思教材编写,认真审视教材中存在的问题。前文说过,教材在这两课的表述中其实是没有科学性错误的。儒学在汉代成为官方哲学(居于主流地位),到了南宋元明清时期,居于官方哲学地位的是儒学中的程朱理学一派。不过,教材看似前后不一的表述,确实给师生的理解造成了障碍。所以,我建议:将岳麓版教材必修Ⅲ第3课"汉代的思想大一统"第13页中的最后结论表述改为"从此,儒学发展为官方哲学,成为各级学校必修的重要内容和朝廷选官的考查标准,确立了其在中国传统文化中的主流地位";第4课"宋明理学"的表述改为"程朱理学适应统治阶级的需要,南宋后期受到官方重视。元朝,科举考试皆以朱熹编著的《四书章句集注》为标准。明初继承这一趋势,明确确立其在思想界的统治地位"。这样叙述,会不会更好一些?师生学习的困惑会不会更少一些?

以上是我的一些不成熟的看法,不妥之处,敬请专家、同人批评指教。

参考文献

［1］张仁忠.中国古代史［M］.北京：北京大学出版社，2006.

［2］张岂之.中国历史［M］.北京：高等教育出版社，2002.

［3］裔昭印.世界文化史［M］.上海：华东师范大学出版社，2000.

［4］田秀芝.程朱理学何时占统治地位——由一道习题引发的思考［J］.
历史学习，2010（3）：33–34.

辛亥革命的最大历史功绩是什么

悠悠岁月，朗朗乾坤，辛亥革命即将迎来它的100周年[①]，在这有着特别纪念意义的日子里，我有幸参加了某校举办的纪念辛亥革命百周年活动，听取了两节辛亥革命的教学观摩课。虽然两位教师的教学风格、教学设计有较大不同，但在课的结尾，他们都对辛亥革命的最大历史功绩进行了讨论和讲解。其中一位教师以"辛亥革命的最大历史功绩是什么"的问题形式直接提问学生，学生讨论后，结论是，其最大历史功绩是建立了资产阶级民主共和国。另一位教师以选择题形式提问，即辛亥革命的最大历史功绩是什么？A.建立了资产阶级民主共和国；B.推翻了两千多年的君主专制制度；C.颁布了《中华民国临时约法》；D.民主共和观念深入人心。最后答案是A。听完这两堂课后，很多听课教师对此分析意见较大。有人认为是推翻了君主专制制度；也有人认为是建立了资产阶级民主共和国；还有人认为是使民主共和观念深入人心；等等，可谓莫衷一是。那么，辛亥革命的最大历史功绩究竟是什么呢？带着疑问，我查阅了相关资料，在几经思考、反复比较、多次与同人探讨后，我认为正确答案应该是推翻了统治中国几千年的君主专制制度。本文拟就这个问题谈点个人浅见，企盼专家指导。

一、君主专制制度的推翻，这是自秦以来两千多年中国历史中破天荒之前所未有的创举

中国是一个长期深受封建君主专制制度统治的国家，其根基之深，势力之

[①] 作者于2011年撰写本篇文章。

大，影响之久远，专制之强烈，在古代史上，没有几个国家能够与之比较。

1. 从时间、影响的久远来看

公元前221年，秦灭六国，一举统一了中国，为了维护封建地主阶级的政治经济利益，秦始皇采取了一系列措施，最终形成了以皇权为中心的封建君主专制制度，奠定了中国封建社会国家政权的基本格局。随后，经隋唐完善、宋元加强、明清空前强化，专制主义中央集权制度达到了登峰造极的地步。晚清虽列强肆意践踏，国家灾难深重，但清朝统治者仍继续推行封建君主专制主义中央集权统治，直到1911年辛亥革命爆发，清朝君主专制统治才终于被推翻。由此可知，中国君主专制制度从产生、发展到结束，整整延续了2100多年。

2. 从专制程度的强烈来看

所谓君主专制就是皇帝个人专断独裁，集国家最高权力于一身。其突出特征就是君主全权占有和控制整个国家机器，其统辖范围内的任何人对君主都是绝对隶属和臣服。在这个制度下，皇帝至高无上，"三纲五常"被看成万古不变的天经地义，万万不可逾越，否则就是"大逆不道，人人可得而诛之"。这就使整个国家都处于皇帝的一元化领导之下。正如美国费正清教授所指出的那样："在这样一个专政社会里，皇帝把教会和国家的职能集于一身，他是军事也是精神的领袖，是行为的楷模和正义的主宰。他的全能总括了国家的一切主要职能，包括国家对于全人类的尊崇。他是'天下之一人'，是社会政治殿堂前的帅旗。"

3. 从其深厚的根基来看

在长期的封建社会里，历朝都有人民革命风起云涌，但到头来这些革命的英雄不是失败，就是在打倒了旧皇帝后，自己却又依样画葫芦地做起皇帝来，不是改朝换代，就是政权易主。到了近代，中国人民为反对封建专制主义压迫和帝国主义侵略，前仆后继，英勇斗争。但在辛亥革命前，有哪次敢提出推翻封建君主专制制度，实现政体变革？太平天国运动历时14年转战了大半个中国，最后还是失败，其建立的"天国"依然是封建式的君主专制体制。义和团运动虽曾让帝国主义闻风丧胆，但它只能提出"扶清灭洋"的口号。康有为等维新派鼓吹变法救国，但他们却不敢否定君主存在的必要性，而是借助君主的力量来达到救亡图存的目的。史实说明，直到19世纪末，"民不可一日无君"在中国人的思想中仍然牢固地存在。基于以上分析，在这样的历史条件下，辛亥革命能推翻几千年传袭下来的君主专制政体，实现近代中国历史的第一次巨变，确实是件石破天惊的大事，是破天荒之创举。

二、君主专制制度的结束，这是建立资产阶级民主共和国的前提或先决条件

回放历史，1911年10月10日，武昌起义爆发，12日，武汉三镇全部光复，随即成立湖北军政府，国号为中华民国。到11月下旬，全国有十几个省区宣布脱离清政府独立，清朝封建君主专制统治土崩瓦解。1911年年底，孙中山从海外回到上海，各省代表在南京集会，推举孙中山为中华民国临时大总统。1912年1月1日，孙中山在南京宣誓就职，宣告中华民国成立，即建立起资产阶级民主共和国。1912年2月12日，宣统帝正式下诏退位，至此，统治中国260多年的清王朝才彻底结束。透过这段历史，不难看出，资产阶级民主共和国是在推翻清朝封建君主专制统治之后建立的，推翻是前提，建立是发展，两者之间是"破"与"立"、前提与发展、开辟与递进的关系。那么，两者孰轻孰重？

1. 没有"破"何来"立"

君主专制制度是中国封建社会最根本的政治制度，它不仅影响了中国两千多年，更主要的是渗入代代中国人的内心深处。到了近代，随着帝国主义的侵略加剧、中外反动势力的勾结，封建君主专制制度更加腐朽和反动，越来越成为中国社会向前发展的阻力和国家贫穷落后的根源。因此，近代中国人民要从帝国主义和君主专制主义统治下，从极端贫困和落后状态中解放出来，其首要前提就是彻底推翻君主专制制度。"破"尽管很艰难，但意义异常重大。如果没有辛亥革命推翻清王朝统治，结束君主专制制度，就不可能有资产阶级民主共和国的建立。

2. "立"的结果很快成泡影

辛亥革命后建立了中国历史上从未有过的民主共和国，这是事实，但是这个共和国的政权很快就在1912年3月被袁世凯篡夺，中国进入了打着共和招牌的北洋军阀统治时期。1926年国民革命的北伐战争基本推翻了北洋军阀统治，但中国却开始了22年的国民党一党专政的南京国民政府统治。这就说明辛亥革命后建立的资产阶级民主共和国不久就名存实亡。试想，把一个名存实亡的成果作为辛亥革命的最大历史功绩，这能让人信服吗？

三、民主共和观念深入人心，这是辛亥革命推翻君主专制政体后的深远影响

"民主共和观念深入人心"就是指这种思想已经为国民所深刻理解并拥护。一种思想能被民众广泛接受，可见其前期工作的到位和其成功实践确实让民众看到了曙光，否则就是空话。以此推彼，不难理解，民主共和观念深入人心，这与辛亥革命志士们的艰辛努力、长期斗争、广泛宣传以及成功后的实践分不开。一句话——这是辛亥革命实践后影响下的产物。

1. 从此杜绝了君主专制的复辟之路

辛亥革命后谁要想在中国复辟帝制，谁就会成众矢之的。袁世凯的皇帝梦不过83天就破灭了，张勋的复辟更是昙花一现，以后就再也没有人敢于试登这个宝座。皇帝是封建社会的总头，砍掉了这个头，就使中国的封建统治阶级再也建立不起一个以皇权为核心的政治体制来。

2. 中国人民的思想得到了空前大解放

几千年来神圣不可侵犯的帝位，如今居然废除了，那还有什么不合理的东西不可以怀疑、打破？从此，中国人民就从忠君爱国走向了革命救国，不能不说这是中华民族觉醒的一个重要里程碑。在这个过程中，以孙中山为代表的资产阶级革命派从组织准备、舆论宣传到发动系列武装起义猛烈地向封建君主专制统治发动了攻击，直至武昌起义爆发，终于推翻长达几千年的君主专制统治，这无疑是一声惊雷，有力地冲击了君权神授观念和皇权专制思想，极大地鼓舞了人民群众的革命精神和民主运动的高涨。正是在这一背景下，中国近代史进程空前加快，不久，新文化运动、五四运动相继爆发，中国共产党也破土而生，中国革命进入一个崭新阶段。

3. 人民的国家主人翁意识大大增强

辛亥革命后，由于结束了君主专制统治，在中华民国的大力推动下，一时间国内民主空气异常浓厚。首先，办报成为时尚。至1913年，全国报纸达500家。许多报纸以议论时政得失、评说政府官员、监督政府工作为己任。其次，政党社团如雨后春笋般蓬勃兴起。1912年间，曾出现大小各种政府团体300多个，其中在民政部备案的有22个。最后，国家政治生活和社会生活一派欣欣向荣。政党政治、议会政治高唱入云，党团林立，五彩缤纷，议员选举，城乡轰

动。诸多史实无不说明：民主共和观念深入人心，这是辛亥革命推翻君主专制制度、建立中华民国后的深远影响。

参考文献

［1］梁启超.饮冰室合集［M］.北京：中华书局，1989.

［2］风唤雀翎.辛亥风云（革命不是闹着玩的）［M］.武汉：武汉出版社，2011.

［3］金冲及.孙中山和辛亥革命［M］.广州：广东人民出版社，1996.

［4］中国人民政治协商会议委员会文史资料研究委员会.辛亥革命回忆录［M］.北京：文史资料出版社，1961.

资本原始积累就是资本积累吗

《历史必修Ⅱ·经济成长历程》第7课"新航路开辟"中这样写道："在欧洲人'火与剑'的殖民扩张活动中，美洲的传统社会遭到灭顶之灾。但是，美洲金银矿的开采和种植园经济为欧洲的资本原始积累做出了重要贡献。"第8课"欧洲殖民者的扩张与掠夺"中也写道："在殖民地进行商业活动和掠夺，成为英国资本原始积累的重要来源。"教材中两处都提到了"资本原始积累"这一概念，但是，什么是"资本原始积累"呢？可以说，很多师生不甚明白，甚至认为"资本原始积累"就是他们在政治学科中讲到的"资本积累"。所以，每当我提问学生这个问题时，多数学生是这么认为的。那么，"资本原始积累"究竟是不是"资本积累"？下面我就这两个概念问题谈点认识，期望能对一些教师和学生起到抛砖引玉的作用。

"资本积累"就是把剩余价值转化为资本，即剩余价值的资本化。具体来说，是资本家把从雇佣劳动那里剥削来的剩余价值的一部分用于个人消费，另一部分转化为资本，用于购买扩大生产规模所需追加的生产资料和劳动力。因此，剩余价值是资本积累的源泉，资本积累则是资本主义扩大再生产的前提条件。其产生是客观必然的。首先，剩余价值规律是资本积累的内在动力。资本家为了占有更多的剩余价值，除了提高对工人的剥削程度外，还必然增加资本量，以扩大生产的规模和剥削的范围。对剩余价值的狂热追求，驱使资本家不断地进行资本积累。其次，资本主义竞争和生产无政府状态的规律是资本积累的外部压力。在资本主义竞争中，大资本总是处在有利的地位。为了在竞争中处于有利地位，保存自己，击败对手，资本家只能不断地进行资本积累，扩大资本规模。在资本主义再生产中的激烈竞争，迫使资本家不断地进行资本积累。因此，资本积累的实质是在资本主义扩大再生产中，资本家利用无偿占有的剩余价值,不断扩大资本的规模和对雇佣劳动的剥削,继续占有更多的剩余价值。

"资本原始积累"也是马克思主义政治经济学中的一个重要名词,但高中政治课本并未阐述这一概念。因此,学生误解或混淆可以理解。考究这一概念,马克思在《资本论》中这样概括:"所谓资本原始积累只不过是生产者和生产资料分离的过程。"显然,马克思的解释很精辟,但较让人费解。所以,现在很多专家、学者把它通俗化,即"资本原始积累"是资本主义生产方式完全确立以前,通过暴力使小生产者同生产资料分离,把生产资料和货币财富集中到少数人手中,使之化为资本的过程。它是资本主义生产方式的起点。具体表现为:①对农民土地的剥夺。典型的是英国的"圈地运动"。圈地运动的结果,一方面,造成土地集中,为资本主义的大农场或大牧场的出现创造了条件。另一方面,失去土地的农民无以为生,沦为农场或工场雇佣的自由劳动力。②对殖民地的血腥掠夺。西方殖民者在美洲、亚洲和非洲通过劫掠金银、发展大种植园、贩卖黑奴以及欺诈性的贸易等方法积累了巨额财富。后来转化为资本,用来发展资本主义工业。③价格革命。由于西方殖民者的掠夺,大量黄金、白银等贵重金属流入欧洲,造成金银贬值,物价上涨,这就是价格革命。在这一过程中,新兴工商业资产阶级一方面以高价出售商品,牟取暴利;另一方面付给工人已贬值的货币工资,因而经济力量日益增长。而封建地主收取的定额的货币地租受到价格革命的影响,实际收入减少,地位被削弱。小手工业者和农民的两极分化加剧,大部分人沦为出卖劳动力的工人。④商业战争。16—18世纪西、英、荷、法等欧洲殖民国家之间的战争大多为商业战争,战争的主要发起者是工商业资产阶级,战争的目的是夺取原料产地、商品市场、垄断国际贸易。三次英荷战争就是典型的商业战争。总之,战争的形式较多,但前两种是最主要形式。虽然形式各异,但其实质都是资本主义生产方式确立以前,资产阶级使用暴力手段使劳动者(小生产者)同生产资料相分离和生产资料与货币在少数人手中迅速积累的过程,也就是以暴力来剥夺劳动者生产资料的过程,即用暴力促进封建生产方式向资本主义生产方式转化。

可见,"资本原始积累"与"资本积累"既有本质区别又有内在联系,其主要区别是:"资本原始积累"是强迫劳动者同生产资料分离,而"资本积累"是通过剥削雇佣工人创造的剩余价值积累资本的过程;"资本原始积累"

不是资本主义生产方式的结果，而是它的起点，而"资本积累"发生在资本主义生产方式发展的过程中；"资本原始积累"的手段是赤裸裸、强盗式的直接掠夺，而"资本积累"的手段是具有间接性和隐蔽性的剥削。它们之间的联系是："资本积累"以剩余价值为前提，剩余价值以资本主义生产方式为前提，而资本主义生产方式又以"资本原始积累"为前提。

由图解历史看夏商制度与西周封建

——岳麓版"夏商制度与西周封建"教学设计与实施

一、教学背景

每当接手高一新生历史教学时，我总会感觉到：学生的基本知识和基本技能存在较大欠缺。尤其是第一单元"中国古代的中央集权制度"第1课"夏商制度与西周封建"中这一年代较为久远的历史，学生不仅对其陌生，而且对教材中"公共权力""内外服制度""分封制""宗法制""礼乐制度"等系列概念的理解感到晦涩难懂、模糊不清。基于此，在本课的教学思路中，我精选了一些典型的历史图片，尝试了图解历史教学法，即巧妙运用典型的历史图片，通过形象直观、趣味想象的教学点拨和富有梯度的问题诱导启迪，从而开阔学生视野，洞开学生思维，激起学生兴趣。没想到，原本一节枯燥乏味、单纯死记概念、一直让我纠结的课，在尝试图解历史教学后，竟有了些许暗流涌动、思辨迭起的激情。

"夏商制度与西周封建"是岳麓版《历史必修Ⅰ·政治文明历程》第一单元"中国古代的中央集权制度"的第1课。可见，本单元的中心内容是中国古代中央集权制度的发展演变。那么，第1课"夏商制度与西周封建"应是中国古代中央集权制度的萌芽。但是，教材里只字未提中央集权制度。夏朝，教材仅仅叙述了王位继承的传子制度与公共权力。商朝，也不过是讲了内外服制度、占卜问卦、王权与神权结合，商王对外服只是"有限"控制。西周，虽然相对较详细，但也只是概述了封邦建国、宗法制度、礼乐制度。既然夏、商、西周三个朝代都未出现中央集权制度，教材为什么还要把夏、商、西周的相关政治文明历史纳入中央集权制度的范围内来讲述呢？夏、商、西周有没有建立中央集权制度呢？什么是中央集权制度呢？连串概念、乏味课堂、诸多疑问催我萌发了对本课教学路径的探求。

"古之学者为学有要，置图于左，置书于右，索象于图，索理于书。"课改也多次呼吁：必须高度重视图片史料的功能及教材中图片的运用，注意挖掘静态图片资料背后所隐藏的信息，注重对图片资料寻疑设问，培养学生观察、分析的能力。中学历史教材的图片资料相当丰富，但在实际教学中，我们往往很容易忽视这些宝贵的课程资源。"夏商制度与西周封建"是第1课，不仅直接关乎学生以后学习历史的兴趣，而且对于学生理解领会什么是中央集权制度起着至关重要的作用。鉴于此，我尝试由图解历史来看夏商制度与西周封建，即以图为线索，以探究图背后的内涵为重难点，以认识中国古代早期政治制度特征和体会中国古人的政治智慧、制度创新为魂进行教学设计。

二、教学过程

1. 导入新课

教师（煽情）：春节来临，举国欢庆。纵使万水千山，一票难求，时间匆匆，但背井离乡的游子仍会不辞辛劳地赶回家乡与亲朋好友团聚。下面就请同学们先来欣赏两幅分别拍摄于清末和21世纪初的中国家庭聚餐图片（图片略）。

这两张照片反映的是与西方完全不同的中国人的生活观念，这种观念已经延续了数千年，至今中国人都没有丢弃"团圆饭"情结。不管岁月如何，年龄多大，都得团聚于父母身边。过年过节，无论山高水远，"连滚带爬"也要赶回高堂膝下才觉慰藉、才觉完满。

教师：是什么动力如此让中国人乐此不疲？这种动力的根源何在？（学生思考，回答）

对！这就是亲情，这就是血脉相连的宗亲情结，这就是家的魅力。在这些情结面前，任何解释都很无力。所以，年关之际，远在异乡的游子都有忍不住回家的冲动。因为，那里有家，有人，有山，有水，最重要的是那里有我们的父老乡亲和牵挂，这就是中华民族有别于世界其他民族的文化心理。那么，这种特殊文化心理的根源是什么呢？今天，我们就来探究产生中华民族这种文化心理的源泉，学习第一单元"中国古代的中央集权制度"第1课"夏商制度与西周封建"。

设计意图：从学生比较熟悉的或日常生活中经常看到的现象的图片引出学习内容，更容易激发学生的学习兴趣，活跃气氛，从而把学生带入本课的学习中来，以图激趣。

2.讲授新课

（1）夏商两代的政治制度。

思考：什么是政治制度？（学生思考，回答）

教师：政治制度作为一个概念，包括很多方面的内容，但我们可以从很小的方面入手。欣赏"国"字的演变（见图1），从中归纳国家构成有哪些因素。（展示"国"字图片，学生思考回答）

图1 "国"字的演变

教师：《说文解字》曰："国，邦也；从口从或。"按照古人的理解，一个国家必须具备四个条件：一是人口，以"口"代表；二是土地，以"一"代表；三是军队组织，以"戈"代表；四是范围，以"囗"代表。把这四个条件组合起来，便成了一个"国"字。显然，此乃极富哲理的造字创意，国家的构成包括人口、土地、武器、军队和城墙等。那么，政治制度即人类出于维护共同体的安全和利益，维持一定的公共秩序和分配方式的目的，对各种政治关系所做的一系列规定。

设计意图：巧用"国"字演变图片来帮助学生理解抽象概念。一能提高兴趣，打破沉闷；二能培养读图、识图、解图能力；三能以图教学，激发创新思维。"国"字的演变及构造不仅直观，而且隐藏着丰富的知识。通过"国"字图片研究，就不难理解政治制度概念。这样，学生就会感受到历史课的魅力。

思考：为什么说夏朝是古代中国的第一个国家政权？展示三幅图片（见图2至图4）（学生思考，回答）。

图2 戴冠冕的夏禹

夏朝的都城位于河南偃师二里头。二里头的遗址占地300万平方米，其中有宫殿区、居住区和生产区以及葬地等。宫殿的规模很大，这是其中一座宫殿的复原图

图3 夏朝都城的宫殿复原图

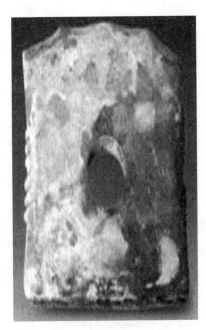

图4 夏玉钺

教师：图2：冠冕是指古代帝王、官员所戴的帽子，夏禹戴冠冕就说明夏禹的地位已从原始社会部落首领变成了奴隶主阶级的代言人，这就反映了中国古代私有制时代与等级制度时代的到来。

图3：宫殿是帝王处理朝政或宴居的建筑物，是帝王朝会和居住的地方，规模宏大，形象壮丽，格局严谨，给人以强烈的精神感染，凸显王权的尊严。

图4：钺是一种兵器，而玉钺则是由钺演化而来的一种典礼上的仪仗器，即主要是在重要场合中执以示权，或旁侍以增威仪的器具。

三幅图片告诉我们：夏朝已经有了国家的象征，出现了凌驾于全社会之上的公共权力，即社会中至高无上的公认的和法定的权力，它以权力机关为载体，并以其特有的普遍权威对社会实施管理或控制。

设计意图：利用历史图片来拓展学生的历史知识，开阔视野，以图构思，促发理解。何谓"公共权力"？显然，这一概念比较抽象，如果只从字面解释，是很难帮助学生理解的，对夏朝政治制度特点就更是不容易把握。上面三幅图则是对教材有力的补充和扩展，不仅内含知识性，更具思维性和趣味性。

教师：夏朝开启了中国古代"家天下"制度，宗族关系从此成为基本的政治关系。然而，历经400多年的夏朝最后还是在商部落的强大攻势下灭亡，约公元前1600年，开始了商朝历史。

思考：商朝以什么政治制度统管天下？商王靠什么来强化王权？商朝政治制度凸显什么色彩？（指导学生看教材图片，学生思考，回答）

教师：同学们，从商朝的行政区域地图中能归纳出哪些信息？对！这幅图明显标识出商的范围即商王直接统治地区和附属国管辖地区，即鬼方、土方、羌方等。那么，为什么会有这种标识？此图就告诉了我们：商朝是通过内外服制度来加强统治的。内外服制度是商朝政治制度的核心。"服"的本意是服侍天子。内服指商人本族的活动区域，以血缘关系为纽带结合在一起，由商王直接控制和管理。外服指臣服于王朝的地方诸侯，拥有相对固定的活动区域和相对稳定的血缘关系。在某种程度上，外服具有一定的地方行政区划的性质，与王朝直接控制的地区共同构成国家的地方政权，这种地方行政区划体制称为"服制"。地方诸侯根据与王朝关系的远近，形成不太牢固的臣服和纳贡关系。由此，内外服形成一个联盟。虽商王掌握支配着整个联盟的实际权力，但控制力是有限的。

何谓"卜辞"？卜辞，殷人占卜，常将占卜人姓名，占卜所问之事及占卜日期、结果等刻在所用龟甲或兽骨上，间或亦刻有少量与占卜有关的记事，这类记录文字通称卜辞。可见，商朝人崇信鬼神，每每遇事都要占卜。占卜的方法是用火在牛胛骨或者龟腹甲上烧炙，甲骨的背面便出现裂纹，叫作"兆"，然后根据裂纹的形状来断定吉凶。占卜的内容、结果以及日后是否应验，都刻在兆纹旁边，叫作卜辞。商朝中央负责祭祀、占卜的官员称"卜"。由此说明，商朝统治者为巩固统治，把自己的行为说成是天的意旨，国家大事通过占卜来决定，使王权具有神秘色彩，王权与神权相结合。

设计意图：历史图片具有直观性，上面三幅图直观再现了商朝的政治制度及其特征。这样，利用直观性的历史图片，一方面，化繁为简，利于学生理解概念和掌握知识；另一方面，化枯燥为有趣，学生通过观图、识图、解图，调动积极性，激发兴趣，提高学习效率。

（2）西周的分封制。

教师：公元前1046年，武王发动了灭商的总攻击，纣王逃回王宫，自焚而亡，商朝灭亡。武王建立周王朝，定都镐京，历史上称为西周。但是，仅三年后，周武王因病去世，继位的周成王年幼。那么，西周如何来巩固政权？周王朝能否长治久安？这是周人要思考的一个严峻的政治问题。谁思考？历史重任落在了周公身上。周公是周文王的儿子，周武王的弟弟，周成文的叔叔。

思考：周公究竟实施了哪些制度来巩固周王朝的统治？这些制度有何特点？应如何评价？（展示图片，学生看图思考，讨论回答）（见图5）

甲骨文 	金文 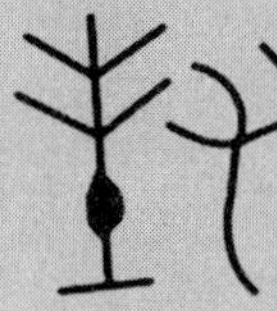	金文大篆 	小篆 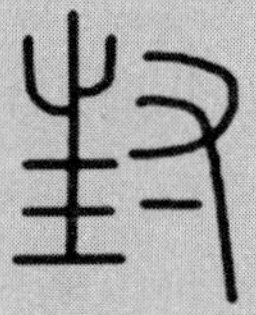

图5　"封"的不同写法

教师：图5是"封"字的不同写法，甲骨文、金文的封字似植树于土堆之上，其本意为培土植树，又有聚土成坟的意思，引申为堆、冢之义。古代帝王把土地或爵位赐给臣子就叫作封。然后指定一个弟弟或者庶子来当这个地方的国君，叫"建"，合起来叫"封土建国"，简称"封建"。为了巩固周王朝的统治，防止商的遗族叛乱，周公修改了商王朝的内外服制度，大举实行分封制。分封制就是封邦建国制，其核心是授民授疆土，其目的是"封建亲戚，以藩屏周"，是西周基本的政治制度。

（指导看课本插图《西周分封形势图》）读图可知，周王在东方分封了鲁、齐等国；在北方分封了燕等国；在南方分封了吴、楚等国；在中原分封了郑、晋、卫、宋等国。西周成为一个疆域广大的奴隶制国家。这种分封体现出鲜明特征：同姓亲族是主体，主要居于富庶之处或战略要地。姻亲、功臣、先代贵族也属分封对象，分封对象多元化。周王室与诸侯国之间既是臣属关系，同时主体又是同姓亲族关系。分封制是地方行政管理制度，而非中央官制。

（指导看课本插图）插图反映的是：周天子分封诸侯，诸侯分封卿大夫；卿大夫分封士；士以下不再分封。这样，分封制使西周贵族集团形成了"周王—诸侯—卿大夫—士"的等级序列，周王确立了天下共主的地位。诸侯臣属、服从周天子的命令，有镇守疆土、随从作战、交纳贡赋、朝觐述职等义务。但诸侯享受爵位世袭、再分封、设置官员、建立武装、征派赋役等权力，代表周王行使地方统治权，是诸侯国内的最高统治者，具有相对独立性。因此，分封制又体现出层层分封，等级森严；带有宗族统治色彩；地方权力较大，最高执政集团尚未实现权力的高度集中、易导致分裂割据等特点。

设计意图：图5和上文提到的课本插图是分封制度的反映，通过对这三幅图片的解读、认知和分析，从而达到突破重点的目的。这既是基于对教材重构的思考，又是凸显图文并茂教学特色的尝试。这样把知识、趣味、思考进行了有机的结合。最后，分封制的原因、特点、影响及评价也就在读图、解图、识图过程中轻松愉快地被学生接受和理解。

教师：分封制实行以后，并没有解决贵族之间在权力、财产和土地继承上的矛盾。

周天子年老了，因其儿女众多，不免产生了权力之争。那么，王位应该由谁来继承呢？依据是什么呢？由此，为巩固分封制形成的统治秩序，西周又实行了宗法制度和礼乐制度。

（3）宗法制度与礼乐制度。

思考：何谓宗法制？宗法制有何特点？应该怎样评价宗法制？分封制与宗法制之间是什么关系？（展示图片，学生思考讨论回答）（见图6）

图6 "宗"的写法

师：从图6可知，宗是会意字。从宀从示。示，神祇。宀，房屋。即在室内对祖先进行祭祀。宗的本意是指宗庙、祖庙。所谓宗法就是宗庙之法，而宗庙之法所反映的现实是宗族组织关系。所以，西周的宗法制实质就是规定宗族组织关系的一项制度，是由父系家长制演变而来的按血缘亲疏确立的一套族权与政权相结合的统治制度。

（指导看教材插图）教材插图体现的是我国古代嫡长子继承制的真实写照：立嫡不立长，立长不立贤。这就是说，嫡长子继承制是宗法制度最基本的一项原则，是宗法制的核心内容和主要特征。它明确规定了王位和财产必须由嫡长子继承，而其他庶子为别子，他们被分封到全国各重要的战略要地。其目的在于解决权位和财产的继承与分配，稳定社会的统治秩序。

课本插图又告诉了我们什么呢？从图中不难看出，这是宗法制的基本规则，即将每个宗族中的嫡长子一支确立为大宗，居于同宗中的支配地位或主导地位；把其他庶子分立为小宗，处于大宗的从属地位或次要地位；大宗和小宗不仅是家族等级关系，也是政治隶属关系。它们之间是相对的，而非绝对的。因此，宗法制从产生时起，就是基于确定继承顺序的需要而形成的一种等级制度，是保障各级贵族能够享受"世卿世禄"特权得以巩固奴隶主统治为目的的制度。这就有利于凝聚宗族，防止内部纷争，强化王权，把"国"和"家"密切地结合在一起。

思考：根据读图思图，进一步引导学生思考：宗法制的遗存对今天的中国社会有何影响？（学生讨论后回答）

教师：讲得好！一方面，宗法制注重家庭建设，提倡尊老爱幼，有利于民族团结、社会安定和祖国统一，如"尊宗敬祖""认祖归宗"。另一方面，宗法制强调家庭本位，过分重视人情关系，人为地划分远近尊卑，容易形成地方分裂势力和宗派势力等，如"任人唯亲""宗派主义"。

教师：从图中我们还能得出什么信息呢？图中展示了宗法制与分封制的关系，即宗法制、分封制是西周的基本政治制度，两者之间相辅相成、互为表里，共同维护西周政局的稳定。宗法制是维系分封制的血缘纽带，也是巩固分封制的重要手段，更保证了分封制的顺利推行和稳定实施。分封制是建立在宗法制基础之上的，是宗法制在政治制度方面的外在体现，两者缺一不可。

设计意图：借用图片，创设情境，通过情境教学来帮助学生理解历史概念和历史现象。"宗"字汉字构造特点就趣味地告诉了学生宗法制的血缘关系。

思考：周公为什么还要实行礼乐制度？何谓礼乐制度？应如何评价？（指导看课本插图八佾舞图和西周编钟，学生思考讨论后回答）

教师：同学们，看课本插图，你们知道什么是八佾舞和编钟吗？"八佾舞"是中国古代规格最高的祭祀舞蹈，是中华传统礼教的重要组成部分，也是对"礼"的最好诠释。佾是奏乐舞蹈的行列，可以表示社会地位的乐舞等级、规格。一佾指一列八人，八佾八列六十四人。按周礼规定，只有天子才能用八佾，诸侯用六佾，卿大夫用四佾，士用二佾。这就是说，"礼"主要是对人的身份进行划分和社会规范，最终形成等级制度。简单地说，"礼"就是表示等级制度的典章制度和礼仪规定。

编钟在中国古代，是上层社会专用的乐器，是等级和权力的象征。周初，经过周公等的改造，乐便成了人们在宗庙中、在族人乡里之间、在父子长幼闺门之内等社交场合沟通情感的基本方式，其目的在于通过唤起血缘亲情，增进社会成员之间的亲近感，从而化解因为礼的等级化、秩序化而引起的种种对立和心理矛盾。因此，周公在封邦建国的基础上制礼作乐，制定了各种礼乐制度，即周礼，作为各级贵族的政治和生活准则。

那么，"礼"和"乐"有何不同呢？从上可知，"礼"和"乐"构成了礼乐制度。"乐"主要是基于"礼"的等级制度，运用音乐来缓解社会矛盾。"礼"是为了区分贵贱等级，强调一种外在规则或准则。"乐"是为了使人互相和敬，强调一种内在修养。两者结合，相辅相成，成为维护宗法分封制度必不可少的工具。

设计意图：礼乐制度在教材中只有短短50多个字的简单描述和一幅插图西周编钟。显然，教材的干扁和乏味无益于学生对知识的理解与把握。如照本宣科，则无疑如同嚼蜡；如补充大量文字说明，而时间有点不允许。那么，如何突破这个难点？选择与运用则起到了比较好的效果。八佾舞和编钟从表象上看给了学生新的视角，这是历史知识的拓展，学生感兴趣；从深层次看，这两幅图的背后又隐含着丰富的历史知识，即礼乐制度的含义、本质和影响，所以，围绕两幅图去挖掘内容，有利于提升学生透过现象看本质的思维能力，从而让学生感受到历史课的魅力。

三、教学反思

美国现代著名心理学家布鲁纳曾说："学习的最好刺激，乃是对所学材料的兴趣。"鲜活、立体的史料无疑能激起学生的兴趣，加深学生的记忆，提升学生的学习热情。那么，鲜活的史料如何获得？由图解历史看"夏商制度与西周封建"一课的教学实践可以看出：历史图片史料是个重要来源，图解历史在历史教学中大有作用。

1. 图解历史有利于激发兴趣、升华情感

"兴趣是创造一个欢乐和光明的教学环境的主要途径之一。"以图激趣,能让学生产生历史思维的兴奋灶,能让学生产生求知和探索的欲望。"夏商制度与西周封建"一课概念多、结论多,骨感有余,鲜活不足。基于教材内容特点和课标要求,我将本课的教学立意定为:通过对内外服制度到分封制、宗法制、礼乐制度的学习,引导学生感悟:制度创新是历史发展的动力。那么,如何突出本课的制度创新?增强学生对源远流长的华夏文明的民族自豪感?导课的两张团聚图、宗法制的"宗"字构造图等,能让学生感受到中华优秀传统文化的魅力和中华民族文化的智慧。因为图中的内容凝聚着华夏儿女的生命追求和情感寄托,传承着中国人的社会伦理观念,折射出华夏儿女对家庭和睦、安定团结、欢乐祥和的喜庆氛围的渴望。而这些正是推动中华文化历久弥新、不断发展壮大的动力源泉。

2. 图解历史有助于学生理解历史概念

公共权力、分封制、宗法制、礼乐制度、贵族政治、世袭制等概念理解,既是本课重点,又是本课难点。显然,突破了这些概念也就突破了本课的魂,突破了理性认识历史,准确回到历史事实本身的节点。以往教学时,教师为了解释这些概念,要么照本宣科,要么补充许多史料,但往往效果总是不尽如人意。而图解历史教学却有明显效果,其直观性、趣味性不仅是文字史料的重要补充,有时甚至超越了文字史料的功能。戴冠冕夏禹图中的"冠冕"是指古代皇冠或官员的帽子,夏禹戴冠冕说明夏禹已经不再是部落联盟的首领,而是国家的最高统治者——"王",社会进入奴隶制社会的时代。玉钺图中的玉钺是夏商周时期独有的玉礼器,也是集军事统治权、战争指挥权、王权于一身的礼仪玉器,是权力的象征。这样,公共权力的概念也就不言而喻。

3. 图解历史有助于激活思维,提升思维能力

历史思维能力是历史学科能力的核心。中学生历史思维能力的培养,既是历史教学的明确目标,也是近年来历史教学研究的重要课题。实践发现,图文并茂,以图带文的图解历史教学可以瞬间吸引学生眼球,激发学生探究热情,激活学生历史思维。"封"字的不同写法图让学生好奇,继而引发学生思考:何谓分封制?分封制的核心是什么?《西周分封形势图》则直观形象地展示了分封的对象。据此，激起学生思考：怎样分封？分封的目的是什么？凸显了什么特点？历史地图的时空感油然而生。《分封制等级示意图》更是一目了然，犹如金字塔形的等级序列促使学生追问：各层分别代表什么身份？西周这种制度在当时起到了什么作用？你怎样看待这种制度？此时，历史图解在这里就发挥了文字材料难以企及的四两拨千斤的作用。

4. 图解历史有助于拓宽视野，增长知识

图片是凝固的历史，是对过去的高度浓缩和反映，但又原汁原味地保留了历史的本来面目。历史图片不仅养眼、激趣，而且富有启发性、知识性。《殷墟出土刻有卜辞牛骨图》不仅让学生知道什么是"卜辞"，而且使学生通过对卜辞的了解，认识到商朝政治制度的特点：弥漫着神权色彩，商王是通过垄断神权来强化王权。八佾舞图、编钟图更是拓宽了学生的知识面，表面上看：八佾舞只是古代天子用的一种乐舞，实质上则是中华传统礼教的重要组成部分，是表示社会地位的乐舞等级和规格。编钟是中国古代重要的打击乐器，是钟的一种。它兴起于西周，盛于春秋战国，直至秦汉。这里讲的似乎不是历史，但深究之，则是夏、商、周时期，古代先贤通过制礼作乐，形成的一套颇为完善的礼乐制度，并推广为道德伦理上的礼乐教化，用以维护社会秩序上的人伦和谐。礼和乐相辅相成，构成了一个完整有序的社会政治文化制度。

历史图片材料是历史教师增强课堂趣味、激发学生兴趣的有效手段，也是直观而形象地说明问题、引导和启发学生从直观体验向深层理性过渡的有效素材。所以，在历史课堂教学中，我仍在探索和期待：历史图片的运用，不仅要让学生看到图片时惊呼"原来如此"，而且要让学生思考"为何如此"，从而真正体现历史图片教学的价值。

立德树人，高中历史教学的核心价值追求

——从"中国古代的科学技术与文学艺术"一课教学说开去

新课标提出，切实提升德育教学，让学生养成优良品质是当下中学历史教育的任务。这就说明历史教师肩负的教育责任至关重要。因为他们要在课堂上对学生的人格品行进行塑造，将符合国情和道德的教学融合到课程中去，从而实现学生的品质提升。中国古代的科学技术与文学艺术是我国传统文化的精髓，它是经过千百年沉淀下来的精华，是对学生进行道德素养教育的极好素材。因此，本文以"中国古代的科学技术与文学艺术"一课教学为例，谈谈什么是高中历史教学的核心价值追求，又应该怎样去追求。

一、心中有"德"，教学中就会时刻明"德"

立德树人是教育的根本任务，是培养什么人、怎样培养人等问题的根本。而历史教学的根本任务是让学生在学习历史知识的同时，提升自身文化修养，最终把学生培养成有理想、有文化、有理性、有素质的全方位多层次综合性创新人才。可见，在品德教育过程中，历史教育在提高学生品德修养与完善自身素质方面有着独特的作用，能真正做到把教书和育人紧密结合起来。那么，何谓"立德"？怎样"立德"？这就要求教师和学生都必须明白"立德"的真正内涵。只有清晰了立德的目标，教与学才有目标性、针对性和有效性。

首先，作为历史教师，"立德"就是立"师德"。教师因为具备了高尚的师德，才会潜心教研，精心育人；才会乐此不疲地把培养学生成人、成才作为教育教学的终极目标；才会有"教"与"学"的和谐、共情和共享。

其次，作为中学生，"立德"就是立"学德"。从本质上看，立"学德"

就是铸魂，就是要让学生通过历史学习使灵魂得以提升，品格得以高尚。因此，新课标多次强调要立德树人，并希望通过学科教学渗透道德素养教育，尤其是历史学科更应担此重任。但苦于升学压力或迎合学生心理需要，不少教师要么痴迷于各种答题技巧的传授、各种史料的堆集；要么收集野史趣闻让学生开心。显然，这些仅仅满足答题技巧传授、简单史料解读、让学生开心而没有立"德"过程的教学，无法促进学生学科素养的全面发展，又怎能寄希望于他们成为社会主义现代化建设事业的接班人呢？

"中国古代的科学技术与文学艺术"一课，主要讲授古代中国传统科技、诗歌、小说、书法、戏剧发展演变的历史，相比前一课"中国传统文化主流思想"，本课的地位、难度显得似乎都弱于前者。于是有教师讲授这课时，要么平铺直叙或照本宣科地列数古人成就，再运用史料分析产生原因及意义；要么让学生自主学习，用表格将古人成果分类汇总，然后分小组探究其产生原因及意义。表面上看，这凸显了教师教学设计的详略得当策略或发挥了学生主体作用的价值。但细加思索，不难发现，如此教学设计严重缺失了对中国古代科技和文学艺术学习的价值追求与对做出巨大贡献的科学家、文学家、艺术家的理想信念，意志品质，不畏艰难、积极进取的创新精神的探讨研究。根据新课标，本课学习的核心目标主要是：通过了解和认识中华民族的伟大智慧与对世界做出的巨大贡献，学生逐步形成对国家、对民族的历史使命感和社会责任感，培养学生民族自豪感和爱国主义精神，树立学生为祖国现代化建设、人类和平与进步事业做贡献的人生理想，培养学生崇尚科学的精神，坚定科学的信念。据此可知，上面所述教师的教学有违新课标精神，没有将"立德树人"的德育目标运用到课堂教学中。就"中国古代的科学技术与文学艺术"一课而言，尽管简单易学，但我认为，教师仍须引导学生精准分析中国古代科技、文学艺术的源头，即导引学生反复品读创造这些成果的人，品悟这些科学家、文学家、艺术家的内在品质和精神追求，从而通过借助有血有肉、有内涵的历史人物的教学，让学生体会到励志勤学是人成长必备的精神，自强不息、奋勇进取是中华民族历尽艰难而不衰的重要原因。这样，由历史到现实，由古人到自己，始终围绕"立德"的基本路径，潜移默化地熏陶、震撼、激励学生，最终达到明"德"的追求，实现高中历史教学的目标。这才是新课标所倡导的高中历史课堂教学。

二、学中向"德"，教学中就会善于精心品"德"

教育家陶行知说："千教万教教人求真，千学万学学做真人。"讲的就是教师要做学生道德启蒙的引路人，崇尚真实，学做真人。古代哲学家柏拉图说："意志不纯正，则学识足以为害。"舍善而趋恶不是人类的本性。历史学习具有引人向善的作用和力量，历史教师要善于动之以情，引领学生向德、品德。教学实践证明，任何教学活动都是以学为终极评价指向的，只有提高了教学效率，教师的教学设计才算科学，教学活动才具有积极意义。为此，教师的导学就显得意义重大。导得精准，就会使学生走向一片光明，学得也会轻松惬意而又有所得。于是，基于立德树人的根本任务需求，高中历史教学中的历史知识学习活动就必须引导学生时刻不忘"向德"这个终极指向。

中国古代的科学发明和创造体现了人与自然协调发展、科学精神与道德理想相结合的理性光辉。儒家思想以巨大的力量塑造着古代文学的基本精神，如"文以载道"的教化传统。中国古代艺术从《易经》开始就讲究天地人于一体的审美理念，整体上追求天人合一、物我合一的审美境界。可以说，中国古代的科技、文学艺术不仅为中国乃至世界的文明进步与发展都做出了巨大贡献。但是，有教师在上这一节课的过程中，为了激发所谓的学生兴趣，本末倒置，在中国古代科技未能发展到近代科技问题上，大造声势，一味地讲述，中国古代先辈是如何使用火药来做爆竹敬神，如何使用指南针来看风水，老百姓是如何愚昧无知、眼光短浅、保守迷信等，绘声绘色，津津乐道。诚然，指出中国古代科技存在的问题很有必要，但如此贬低或诋毁中国先民的聪明才智、创新能力和伟大贡献，丑化先民的形象，就有失偏颇，甚至是错误的。就中国古代科技存在的问题而言，我认为，首先要让学生认真分析中国古代科技、文学艺术成就领先世界的地位、原因和其对促进生产力的发展与人类文明进步所做的贡献，激发学生的民族自豪感。其次引领学生探究中国古代科技未能发展到近代科技的原因不是古代先民愚昧、保守、迷信，而是腐朽的封建制度和重农抑商政策阻碍了资本主义萌芽的发展，使科技的发展缺乏物质基础；封建闭关政策使中国失去了外贸主动权，割断了中外文化的交流；明代的"八股取士"和清代的"文字狱"禁锢了知识分子的思想，使中国科技文化的发展失去活力；长期以来，社会上形成了重视政治伦理、轻视鄙薄技艺的价值观影响了科技的创新。归根结底，明确日益腐朽的封建制度才是导致古代中国科技在16世纪以后走向衰落的根本原因，以此增强学生的社会责任感和历史使命感，激励学生树立胸怀祖国、立志报国的立德理想。

三、行中践"德"，教学中就会渐次比照立"德"

人无德不立，育人的根本在于立德。教育不仅要传播知识、传播思想、传播真理，更要塑造灵魂、塑造生命、塑造新人。换句话说，教育不仅要传递给学生专业知识，更要树立学生的品德修养，培育学生的价值追求，历练学生的精神品格。教育是一个慢工出细活的事业，又是一个要很用心的事业。因此，立德工作就不可能一蹴而就，一定要遵循事物的发展规律，需要在循序渐进中实现。就古代中国文学诗歌教学的立德而言，仅有前两个层级的明德和品德行为，还不足以引导学生真正实现立德的目标。这就需要学生在学习、生活中践行，继而因行而立。

在"古代诗歌和小说"一课教学中，立德行为需要指向文本之中的德行品析。例如，讲屈原和楚辞，师者可节选《离骚》中的片段让学生品析，如"抑志而弭节兮，神高驰之邈邈。奏《九歌》而舞《韶》兮，聊假日以媮乐。陟升皇之赫戏兮，忽临睨夫旧乡。仆夫悲余马怀兮，蜷局顾而不行"的诗句，先让学生自我品析，然后通过生生互品、师生互品，从赏文到尚德。这样，渐渐使学生不仅理解诗意和楚辞诗歌的特点及影响，更重要的是让学生从中获取人生积极有为的启示，即诗人屈原对祖国和人民真挚的爱，感怀屈原伟大的爱国主义情怀和他在文学上的贡献，从而让爱国主义教育沁入心脾。

有道是"文史相通""文史不分家"，历史教学中的文学鉴赏和品析有助于增强学生对历史知识的理解与情感升华。但"立德"仅对文本的德行品析还不够，因为学生行动中的"立"并不一定实现。这样，立德行为就需超越文本。唐诗流派纷呈，风格众多。流派方面，有以王维、孟浩然为代表的田园山水诗人，描写幽静宁谧的自然世界；有以岑参、高适为代表的边塞诗人，歌颂从军报国、建功立业的英雄气概；等等。而从创作方法看，成就最大、影响最远的无疑是以李白为代表的浪漫主义诗人和以杜甫为代表的现实主义诗人。正是他们把唐诗推上了一个巅峰。无论哪派诗，无不体现了作者对家乡、对自然、对民族、对祖国的深厚情感。据此，学习唐诗时，教师可以设置教学情境，于情境中引导学生如何做一个具有"大我"情怀的当代青年，让他们在徜徉于诗的海洋时，汲取营养、滋养心灵、陶冶情操，从而潜移默化地帮助学生实现立德目标。

立德是高中历史教育教学活动的重大任务，不可漠视。这就需要广大教师发挥各自的聪明才智，引导学生心中怀德，学中明德，行中践德。如此，才能实现高中历史教学的核心价值追求。